高职高专经济管理类"十四五"规划
理论与实践结合型系列教材·物流专业

连锁企业物流配送管理实务

LIANSUO QIYE WULIU PEISONG GUANLI SHIWU

主　编　关善勇
副主编　王秋令　焦微家　陆　燕　刘　袁

华中科技大学出版社
http://www.hustp.com
中国·武汉

内 容 提 要

本书是华中科技大学出版社"十四五"规划高职高专连锁经营管理系列教材之一,是面向21世纪的连锁经营管理专业的教材。本书探讨连锁企业物流配送合理化、连锁企业物流配送策略选择、连锁企业物流配送中心进货作业、连锁企业物流配送中心理货作业、连锁企业物流配送中心送货作业、连锁企业物流配送信息技术、连锁企业物流配送成本控制和现代连锁企业物流配送发展新趋势等8个项目,目的是让学习者掌握现代连锁经营管理的基本规律和操作技能。

本书可作为高职高专院校连锁经营管理专业的教学用书,也可供工商管理类、经济学类等相关专业选用,还可作为社会从业人士的业务参考书及培训用书。

图书在版编目(CIP)数据

连锁企业物流配送管理实务/关善勇主编.—武汉:华中科技大学出版社,2021.8(2024.7重印)
ISBN 978-7-5680-7437-7

Ⅰ.①连… Ⅱ.①关… Ⅲ.①连锁企业-物资配送-物资管理-研究 Ⅳ.①F717.6

中国版本图书馆 CIP 数据核字(2021)第 155505 号

连锁企业物流配送管理实务　　　　　　　　　　　　　　　　关善勇　主编
Liansuo Qiye Wuliu Peisong Guanli Shiwu

策划编辑:聂亚文
责任编辑:郭星星
封面设计:孢　子
责任监印:朱　玢
出版发行:华中科技大学出版社(中国·武汉)　电话:(027)81321913
　　　　　武汉市东湖新技术开发区华工科技园　邮编:430223
录　　排:华中科技大学惠友文印中心
印　　刷:武汉市首壹印务有限公司
开　　本:787 mm×1092 mm　1/16
印　　张:11
字　　数:282 千字
版　　次:2024 年 7 月第 1 版第 4 次印刷
定　　价:38.00 元

本书若有印装质量问题,请向出版社营销中心调换
全国免费服务热线:400-6679-118　竭诚为您服务
版权所有　侵权必究

前言

　　本书运用理论和实践相结合的方法,汲取现代连锁企业物流配送管理的理论和管理实践经验,结合我国连锁企业物流配送市场的实际情况,系统地阐述了现代连锁企业物流配送管理的实务知识和技能。

　　本书的特点是项目(任务)导向、基于工作过程、校企合作开发。在丰富教材内容的基础上,做到通俗易懂、方便教学、注重岗位流程的设计,侧重于教学方法的改革。采用项目教学模式对现代连锁企业物流配送管理活动八项内容进行分类,以任务驱动为导向对现代连锁企业物流配送管理相关知识进行梳理,让学习者首先明确项目目标,每个任务都以任务引入、任务分析开始,适当穿插图片、相关链接等趣味性内容,最后以实训练习、任务思考结束。

　　本书编写博采众长,参阅了许多国内外的相关论著,引用了不少精辟的观点和见解。同时本书的编写也得到了中国铁路广州局集团有限公司、苏宁云商物流有限公司、广东连锁经营协会、广州物流与供应链协会、广州商业储运公司、德邦物流股份有限公司、新邦物流有限公司、百佳超市有限公司、广州湖天物流市场等行业协会和合作企业的大力支持,编写组通过深入企业调研,获取了大量的第一手信息。在此,向这些论著的作者以及提供宝贵信息的行业协会和企业朋友们表示衷心的感谢!

　　本书由广东科贸职业学院关善勇副教授担任主编,制定编写大纲,负责全书的总体设计,由辽东学院王秋令、江苏财会职业学院焦微家、广东科贸职业学院陆燕、广东科贸职业学院刘袁担任副主编。其中关善勇撰写了项目1,王秋令撰写了项目3,刘袁撰写了项目7,焦微家撰写了项目8,陆燕撰写了项目6,广东科贸职业学院李利娜、陈锐锋分别撰写了项目2、5,广东科贸职业学院谢嘉辉撰写了项目4。全书由关善勇统稿。在这里,还要对一直以来关心和指导本书编写工作的审稿人表示感谢。

　　由于编者水平有限,书中难免存在不当和疏漏之处,敬请各位专家和读者批评指正。

编　者
2021 年 6 月

目录

项目1　连锁企业物流配送合理化 (1)
    任务一　配送作业流程 (1)
    任务二　配送加工作业 (5)
    任务三　包装作业 (10)
    任务四　物流配送合理化策略 (21)

项目2　连锁企业物流配送策略选择 (26)
    任务一　物流配送模式的选择 (26)
    任务二　物流配送路线的选择 (29)
    任务三　物流配送服务商的选择 (45)
    任务四　连锁企业物流配送中心地址的选择 (47)

项目3　连锁企业物流配送中心进货作业 (51)
    任务一　备货作业 (51)
    任务二　接货验收作业 (56)
    任务三　搬运堆码作业 (63)

项目4　连锁企业物流配送中心理货作业 (71)
    任务一　仓储作业 (71)
    任务二　订单处理作业 (82)
    任务三　盘点补货作业 (86)
    任务四　分拣检验作业 (93)

项目5　连锁企业物流配送中心送货作业 (102)
    任务一　配载送作业 (102)
    任务二　输配送作业 (108)
    任务三　退、换货作业 (112)

项目6　连锁企业物流配送信息技术 (119)
    任务一　信息识别技术 (119)
    任务二　信息传输技术 (125)
    任务三　信息处理技术 (130)

项目7　连锁企业物流配送成本控制 (139)
    任务一　配送成本核算 (139)

任务二　配送中心成本和服务 …………………………………………………（148）
项目8　现代连锁企业物流配送发展新趋势 ……………………………………（158）
　任务一　家居配送 ………………………………………………………………（158）
　任务二　即时配送 ………………………………………………………………（162）
　任务三　绿色配送 ………………………………………………………………（165）
参考文献 ……………………………………………………………………………（170）

项目1　连锁企业物流配送合理化

项目目标

1. 了解"五流合一"。
2. 熟悉配送作业流程。
3. 熟悉配送加工作业。
4. 熟悉包装作业。
5. 掌握配送合理化策略。

任务一　配送作业流程

任务引入

连锁企业要积极打造商流、物流、资金流、信息流和票据流"五流合一"平台,完善基础设施建设,增强综合实力,努力建设辐射区域经济社会发展的现代配送中心。

目前,全世界销售额前20名的流通企业都是连锁企业。连锁企业的实质是五个统一,即统一采购、统一配送、统一核算、统一标志和统一管理。其中,统一配送是连锁企业核心竞争力的一个重要组成部分。我国63%的企业的物流配送是由供货方完成的,26%的企业依靠第三方物流机构,11%的企业拥有自己的配送中心。

任务分析

【主要内容】配送作业流程包括"五流合一"以及连锁企业物流配送的特点、流程等。

一、五流合一

近年来,人们提到物流时,常常与商流、资金流、信息流和票据流联系在一起,这是因为从某种角度讲,商流、物流、资金流、信息流和票据流是流通过程中的五大相关部分,由这"五流"构成了一个完整的流通过程,即"五流合一"。

"五流"互为依存,密不可分,相互作用。它们既有独立存在的一面,又有互动的一面。将商流、物流、资金流、信息流和票据流作为一个整体来考虑和对待,会产生更大的能量,创造更大的经济效益。

(一)商流是物流、资金流、信息流和票据流的前提

商流是一种买卖或者说是一种交易活动过程,通过商流活动发生商品所有权的转移。商流是物流、资金流、信息流和票据流的前提,一般情况下,没有商流就不太可能发生物流、资金流、信息流和票据流。反过来,没有物流、资金流、信息流和票据流的匹配和支撑,商流也不可能达到目的。"五流"之间有时是互为因果关系。

比如 A 企业与 B 企业经过商谈,达成了一笔供货协议,确定了商品价格、品种、数量、供货时间、交货地点、运输方式并签订了合同,也可以说商流活动开始了。要认真履行这份合同,下一步要进入物流过程,即货物的包装、装卸搬运、保管、运输等活动。如果商流和物流都顺利进行了,接下来就进入资金流和票据流的过程,即付款和结算。无论是商流,还是物流和资金流,这三个过程都离不开信息的传递和交换,没有及时的信息流,就没有顺畅的商流、物流和资金流。没有资金的支付,商流不成立,物流也不会发生。

(二)商流是动机和目的、资金流是条件、信息流是手段、物流是过程

由于需要或产生购买欲望,才决定购买,购买的原因和理由就是商流的动机和目的。因为想购买或决定购买某种商品,才考虑购买资金的来源或筹措资金问题。如不付款,商品的所有权就不会更换,这就是条件。又因为决定购买,也有了资金,然后才付诸行动,这就是买主要向卖主传递一个信息,或去商店向售货员传递购买信息,或电话购物、网上购物,这些都是信息传递的过程,但这种过程只是一种手段。然而,商流、资金流和信息流产生后,必须有一个物流的过程,否则商流、资金流和信息流都没有意义。

(三)物流难以做到同商流、资金流和信息流一样将来由计算机和网络通信取代

因为物流受商流制约,随商流变化而变化,往往为了占领市场、扩大销售而牺牲物流利益。所以,在竞争激烈的商品经济社会,要加强对物流问题的研究和对信息技术等现代科学手段的充分利用。商流和资金流是传统性的经济活动,规则性强,已经比较成熟。信息流主要利用计算机技术和互联网,是电子化传输和软件开发问题。这方面的竞争会不断加剧和复杂化,各企业的技术水平将来也会彼此靠近。前几年兴起的电子商务热之所以急剧降温,是因为存在"物流瓶颈",不是信息技术自身的问题。物流发展的空间比商流、资金流和信息流的要大,合理化、科学化管理的余地也大,节约费用的潜力更大。

(四)票据流的信息与物流、资金流吻合

在同一笔购销业务中,一般交易过程中的资金流(货款)、物流(货物)、票据流(发票)三者信息是一致的。资金流、物流和票据流的关系如图 1.1 所示。

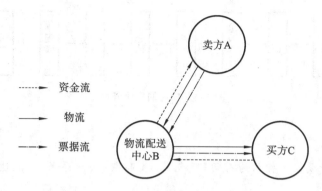

图1.1 资金流、物流和票据流的关系

二、连锁企业物流配送的特点

(1) 商品种类繁多,配送和仓储要求多样化,进货价格变动快;
(2) 配送作业复杂,时间要求严格;
(3) 门店分散,配装、配车要求高;
(4) 物流作业速度慢,对员工要求高;
(5) 超过90%的商品有严格的保质期,商品周转时间要求短;
(6) 商品销售有明显的周期特征,淡旺季明显。

现代连锁经营物流配送系统的运作如图1.2所示。

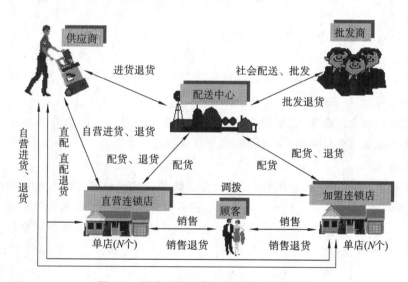

图1.2 现代连锁经营物流配送系统的运作

三、连锁企业物流配送作业流程

配送作业流程包括接单、进货、验收入库、储存、分拣、配货、配装、送货等环节,如图1.3所示。

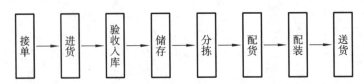

图1.3 配送的作业流程

相关链接

物流系统的功能要素一般认为有运输、包装、装卸搬运、储存保管、流通加工、配送、物流信息处理等。

1. 运输。

运输包括供应及销售物流中的车（公路运输车辆、铁路运输车辆）、船、飞机等方式的运输，生产物流中的管道、传送带等方式的运输。选择何种运输手段对于物流效率具有十分重要的意义。运输是物流最主要功能之一。

2. 包装。

包装包括产品的出厂包装，生产过程中在制品、半成品的包装，以及在物流过程中换装、分装、再包装等活动。

3. 装卸搬运。

装卸搬运包括在输送、保管、包装、流通加工等物流活动过程中发生的衔接活动，以及在保管等活动中为进行检验、维护、保养所进行的装卸活动。

4. 储存保管。

储存保管包括堆存、保管、保养、维护等活动。

5. 流通加工。

流通加工又称流通过程的辅助加工活动。

6. 配送。

配送作为一种现代流通方式，集经营、服务、社会集中库存、分拣、装卸搬运于一身，已不是单单一种送货运输活动能包含的，所以将其作为独立功能要素。

7. 物流信息处理。

在物流过程中，伴随着物流的进行，产生大量反映物流过程的有关输入输出物流的结构、流量与流向、库存动态、物流费用、市场情报等信息并不断传输和反馈，形成物流信息。同时，应用计算机进行加工处理，获得实用的物流信息，这将有利于及时了解和掌握物流动态，协调各物流环节，有效地组织好物流活动。

思考与练习

【实训练习】

班级组建4个模拟小组，确定组长。以小组为单位，利用周末时间调研某超市某种商品的配送渠道（流通渠道），分析并提出改进意见，制作PPT。一周后，由小组选定一名同学进行调研情况分享。

【任务思考】
1. 什么是"五流合一"？
2. 连锁企业配送特点有哪些？
3. 简述连锁企业配送作业流程。

任务二　配送加工作业

任务引入

配送加工是流通加工的一种，但配送加工有其自己的特点，即配送加工一般只取决于客户的要求，其加工目的较为单一。

配送加工是按照配送客户的要求所进行的流通加工。在配送中，配送加工这一功能要素不具有普遍性，但往往是有重要作用的功能要素。这是因为通过配送加工，可以大大提高客户的满意程度。

任务分析

【主要内容】配送加工作业包括配送加工与生产加工的区别、配送加工的类型、连锁企业常用配送加工方式、配送加工的经济效益等。

一、认识配送加工

配送加工是指商业或物资流通企业为促进销售、维护产品质量和提高物流效率，对商品进行粗（初）加工，使物品发生物理、化学或形状的变化。

配送加工不同于生产加工，主要区别如下。

（一）对象不同

配送加工的对象是进入流通过程的商品，生产加工的对象是原材料、半成品。

（二）复杂程度不同

配送加工大多是简单的、初级的加工，生产加工是复杂加工。

（三）目的不同

配送加工的目的在于完善商品使用价值以便于流通，生产加工的目的在于创造物料价值及使用价值以促进消费。

（四）组织者不同

配送加工的组织者由商业或物资流通企业完成，而生产加工则由生产企业完成。

二、配送加工的类型

(一)为弥补生产领域加工不足而进行的深加工

许多产品在生产领域的加工只能达到一定程度,这是由于许多因素限制了产品在生产领域完全实现终极加工。例如,木材如果在产地制成木制品,就会给运输带来极大困难,所以原生产领域只能将木材加工到圆木、板、方材这个程度,进一步的下料、切裁、处理等加工则由流通加工完成。这种流通加工实际上是生产的延续,是生产加工的深化,对弥补生产领域加工不足具有重要意义。连锁企业的这种流通加工较少。

(二)为满足需求多样化而进行的服务性加工

需求存在着多样化和多变化两个特点,为此,用户经常自己设置加工环节,如生产消费型用户的再生产往往从原材料初级处理开始。就用户来讲,现代生产的要求是生产型用户尽量减少流程,集中力量从事较复杂的、技术性较强的劳动,而不是将大量初级加工包揽下来。这种初级加工带有服务性,应由流通加工来完成,这样,生产型用户可以缩短自己的生产流程,提高生产技术密集程度。对一般消费者而言,这种初级加工可省去烦琐的预处置工作,集中精力从事较高级且能直接满足需求的劳动。

(三)为保护产品而进行的加工

在物流过程中,产品在投入使用前都存在对产品的保护问题,防止产品在运输、储存、装卸、搬运、包装等过程中遭到损失,保证其使用价值能顺利实现。和前两种加工不同,这种加工并不改变进入流通领域的"物"的外形及性质。这种加工主要采取稳固、改装、冷冻、保鲜、涂油等方式对产品进行加工。

(四)为提高物流效率,方便物流而进行的加工

一些产品本身的形态使其难以进行物流操作,如鲜鱼的装卸等。流通加工可以使物流各环节易于操作,如鲜鱼冷冻等。这种加工往往改变"物"的物理状态,但不改变其化学特性并最终能恢复产品的原物理状态。

(五)为促进销售而进行的加工

例如,将大包装或散装物(这是提高物流效率所要求的)分装成适合一次销售的小包装的分装加工;将原以保护产品为主的运输包装改换成以促进销售为主的装潢性包装,以起到吸引消费者和指导消费的作用;将零配件组装成用具自行车等,便于直接销售;将蔬菜、肉类洗净切块,以满足消费者多样化需求等。这种流通加工可能不改变"物"的本体,只进行简单改装的加工,也有许多是组装、分块等深加工。

(六)为提高加工效率而进行的加工

由于数量有限,许多生产企业的初级加工效率不高,也难以投入先进的科学技术。配送加工以集中加工形式解决了单个企业加工效率不高的弊病,以一家加工企业代替了若干生产企业的初级加工工序,提高了生产水平。

(七)为提高原材料利用率而进行的加工

企业利用其综合性强、用户多的特点,实行合理规划、合理套裁、集中下料的办法,这样能有

效地提高原材料利用率,减少损失和浪费。

(八)衔接不同运输方式,使物流合理化的加工

在干线运输及支线运输的结点设置流通加工环节,可以有效地解决大批量、低成本、长距离干线运输,多品种、少批量、多批次末端运输和集货运输之间的衔接问题。在加工点与大生产企业之间形成大批量、定点运输的渠道,又以加工中心为核心,组织对多用户的配送;也可以在加工点将运输包装转换为销售包装,从而有效衔接不同的运输方式。

(九)以提高经济效益、追求企业利润为目的的加工

加工是经营的一环,在满足生产和消费要求的基础上取得利润,同时在市场和利润的引导下使流通加工在各个领域中有效地发展。

(十)生产流通一体化的加工

依靠生产企业与流通企业的联合,或者生产企业涉足流通,或者流通企业涉足生产,从而形成合理分工、合理规划、合理组织和统筹安排的生产与流通加工,这就是生产流通一体化的流通加工形式。这种形式可以促成产品结构及产业结构的调整,充分发挥企业集团的经济技术优势,是目前流通加工领域的新形式。

三、连锁企业常用的配送加工方式

(一)冷冻加工

这是为解决鲜肉、鲜鱼或药品等在流通中的保鲜及搬运装卸问题而采取的低温冷冻方式的加工。

(二)分选加工

针对农副产品规格、质量离散较大的情况,为获得一定规格的产品,采取人工或机械分选方式的加工,称为分选加工。

(三)精制加工

这是在农牧副渔等产品的产地和销地设置加工点,去除无用部分,甚至进行切分、洗净、分装等的加工方式。

(四)分装加工

这是为了方便销售,在销售地区按所要求的零售要求进行新包装、大包装改小包装、散装改小包装、运输包装改销售包装的一种加工方式。

四、配送加工的经济效益

配送加工是流通领域中对生产的辅助性加工,从某种意义上讲,它不仅是生产过程的延续,也是生产本身或生产工艺在流通领域的延续。这个延续可能具有正、反两方面的作用,一方面,可能对生产起到补充完善的作用,另一方面,各种不合理的配送加工会产生抵消经济效益的负效应。

(一)不合理的配送加工形式

1. 配送加工地点设置不合理。

配送加工地点设置即布局状况,这是整个配送加工能否有效的重要因素。一般而言,为衔

接单品种大批量生产与多样化需求的配送加工,配送加工地应设置在需求地区,这样才能体现大批量的干线运输与多品种末端配送的物流优势。如果将配送加工地设置在生产地区,其不合理之处在于多样化需求的多品种、小批量产品由产地向需求地的长距离运输;另外,在生产地增加一个加工环节的同时,也增加了近距离运输、装卸、储存等一系列物流活动。

通常,为方便物流,配送加工环节应设在产出地,即设置在进入物流之前;如果将其设置在物流之后,即设置在消费地,则不但不能解决物流问题,还在流通中增加了一个中转环节,因而是不合理的。

即使在产地或需求地设置配送加工环节的选择是正确的,还要考虑配送加工在小地域范围的正确选址问题,如果这个问题处理不善,仍然会出现不合理状况。这种不合理主要表现在交通不便、配送加工与生产企业或用户之间距离较远、配送加工点的投资过高(如受选址的地价影响)、加工点周围社会与环境条件不良等。

2.配送加工方式选择不当。

配送加工方式包括加工对象、加工工艺、加工技术、加工程度等。配送加工方式的确定实际上是对配送加工与生产加工进行合理分工。分工不合理,本来应由生产加工完成的任务,却错误地由配送加工完成,或者本来应由配送加工完成的任务却错误地由生产加工去完成,这都会造成配送加工的不合理。

配送加工不是生产加工的代替步骤,而是生产加工的补充和完善。所以,一般而言,如果工艺复杂、技术装备要求较高,或者加工可以由生产过程延续或轻易解决,都不宜再设置流通加工环节,尤其不宜与生产过程争夺技术要求较高、效益较高的最终生产环节,更不宜利用一个时期的市场压力使生产者完成初级加工或前期加工,而由流通企业完成装配或最终形成产品的加工。如果配送加工方式选择不当,就会出现与生产夺利的恶果。

3.配送加工作用不大,形成多余环节。

有的配送加工过于简单,或者对生产者和消费者作用都不大,甚至有时出现盲目的配送加工,这不但不能解决品种、规格、质量、包装等问题,而且增加了多余环节,这也是配送加工不合理的重要形式。

4.配送加工成本过高,效益不好。

配送加工之所以能够具有生命力,重要原因之一是其具有较大的产出投入比,因而对生产起着补充完善的作用。如果配送加工成本过高,则不能达到以较低投入实现更高使用价值的目的。除了一些必需的、政策要求即使亏损也应该进行的加工外,其他都应看作是不合理的加工。

(二)配送加工合理化

配送加工合理化的含义是实现配送加工的最优配置,不仅要做到避免各种不合理,使配送加工有存在的价值,而且要做到最优选择。

对于配送加工合理化的最终判断,不但需看其是否能够实现社会效益和企业效益,而且更关注是否取得了最优效益。配送加工企业与一般生产企业的一个重要不同之处是,配送加工企业更应树立社会效益第一的观念,懂得只有在以补充完善为己任的前提下,自身才有生存的价值。如果只是追求企业的微观效益,不恰当地进行加工,甚至与生产企业争利,就违背了配送加工的初衷,或者其本身已经不属于配送加工范畴。

相关链接

经过多年的发展,我国火锅业的产业链条已具雏形。内蒙古、四川、山东、河北等地农牧业面向全国火锅餐饮市场,组建了羊肉、辣椒、花椒、香油、芝麻酱、粉丝、固体酒精等火锅常用原料、调料、燃料的生产、加工、销售基地,为连锁火锅企业提供统一采购配送,降低经营成本,创造更大经济利益。

思考与练习

【实训练习】

请您仔细观察图 1.4,将下面左侧配送加工作业与右侧图片代码用直线正确连线。

图 1.4　任务二【实训练习】

分拣作业	(a)
计量作业	(b)
贴标签作业	(c)
分割作业	(d)

【任务思考】

1. 配送加工与生产加工有哪些区别?
2. 配送加工的类型有哪些?
3. 连锁企业常用的配送加工方式有哪些?
4. 配送加工合理化的含义是什么?

任务三　包装作业

任务引入

包装作业开始于19世纪末20世纪初。工业革命使生产力水平得到大幅度提高，企业需要向外大批量地销售产品。同时，生产的发展也使消费者的购买力逐渐增强，他们对商品的数量、质量要求随之提高。为了保证流通领域的商品安全，使之在从生产到消费的流动过程中保持卫生、无毒、无污染且保质保量，包装就成了必不可少且行之有效的手段。在20世纪三四十年代，包装由原先的单纯起保护商品的作用逐渐发展到具有推销产品的作用，进而出现了销售包装。

新型包装材料、新型包装形式和新型包装技术的出现为包装作业拓展了新的发展空间。随着物流新技术的不断开发和应用，尤其商品配送被当作一个整体受到重视和研究以后，市场对包装又提出了更高更新的要求。事实证明，包装在商品配送合理化进程中起着非常重要的作用。

任务分析

【主要内容】包装作业包括包装的功能、包装材料、包装容器技术、包装保护技术等。

一、包装的功能

（一）保护功能

保护功能是包装最基本的功能。它保证商品不受各种外力的损坏。一件商品要经过多次流通才能进入商场或其他场所，最终到达消费者手中。这期间，需要经过装卸、运输、储存、陈列、销售等环节。在储运过程中，一些不利的外部因素，如撞击、强光、有害气体、细菌等，都会威胁到商品的安全。

1.防止商品的破损变形。

商品的包装必须能够承受装卸、运输、储存等物流过程中的各种冲击、振动、压缩和摩擦作用，对商品起保护作用。所以，包装材料或包装容器必须具备相应的强度，以便抵御或减缓这些外力的影响。

2.防止商品发生化学变化。

为防止商品发生霉变、生锈等化学变化，商品包装必须能在一定程度上起到阻隔水分、细菌、光线及空气中各种有害气体的作用，避免商品受到外界不良因素的影响。

3.防止有害生物对商品的影响。

鼠、虫及其他有害生物对商品具有很大的破坏性。包装封闭不严会给细菌、鼠、虫提供入侵机会,导致商品变质、腐烂,尤其对食品造成极大危害。鼠、白蚁等生物的破坏性极强,会直接吞食纸张、木材等商品。

4.防止异物混入、污物污染,避免丢失与散失。

(二)便利功能

便利功能,也就是商品的包装是否便于使用、携带、存放等。合理的包装可以为物流全过程的所有环节提供操作上的方便,有助于提高物流效率和降低物流成本。

1.方便商品的装卸、搬运。

商品经适当的包装后可为装卸与搬运作业提供方便。经包装的商品便于使用各种装卸、搬运机械,从而提高装卸、搬运机械的使用效率。包装的规格尺寸标准化为包装提供了条件,能够极大地提高装卸、搬运效率。

2.方便商品的运输。

包装的规格、形状、质量等与货物运输的效率密切相关。如果包装的尺寸与各种运输工具的空间相吻合,就能够极大地方便运输,提高运输效率。

3.方便商品的储存。

因为包装可以方便商品的装卸与搬运,所以它能大大提高储存的出入库作业速度。从保管的角度看,包装对商品本身的原始使用价值有利,为保管工作提供了方便条件;包装物的各种标志、标记使仓库管理者易于识别、存取和盘点,有特殊要求的商品容易引起管理人员的注意。从商品验收的角度看,易于开包或可以重新打包的包装方式为验收工作提供了方便。此外,包装的集合性和定量性也在很大程度上节约了验收时间、加快了验收速度。

(三)促销功能

常言道,"酒香不怕巷子深""一等产品、二等包装、三等价格"。这其实是说,只要产品质量好,就不愁卖不出去。在市场竞争日益激烈的今天,包装的作用与重要性不容忽视,厂商深谙其中道理。

人们已经认识到,想让自己的产品畅销、让自己的产品在琳琅满目的商品中吸引消费者的眼球,只靠产品的质量与媒体的宣传是远远不够的。因为在各种超市与自选卖场如雨后春笋般出现的今天,直接面对消费者的是产品自身的包装。好的包装能直接吸引消费者的视线,让消费者产生强烈的购买欲,从而达到促销的目的。

(四)信息传递作用

通过商品的包装,可以对商品进行识别、跟踪和管理。随着商品配送的发展,包装的信息传递作用日益明显,包装已成为配送系统的重要一环。包装的信息传递作用主要体现在可以通过包装识别里面的商品。信息通常包括制造厂商、商品名称、容器类型、个数、通用的商品代码等。商品包装使在收货、储存、取货、出运等各个环节中实行商品跟踪成为可能,对商品实施积极控制,减少了商品的货差。扫描设备的使用和代码标准化提高了商品跟踪能力和跟踪效率。

二、包装材料

包装材料运用是否得当,对包装的作用、效果及环境保护具有很大影响。常用的包装材料有金属、玻璃、木材、纸、塑料、纤维等。

(一)金属包装材料

金属包装材料是指由金属压制而成的用于产品包装的材料。它主要指钢材和铝材,其形式为薄板和金属箔,薄板为刚性材料,金属箔为软性材料。在超市或卖场中,巧克力、茶叶等商品一般采用金属箔包装。

金属材料用于包装的优点有:①金属材料牢固结实、不易破碎、不透气、防潮、避光,能有效地保护内装物;②金属具有良好的延展性,容易加工成形;③加工技术成熟,金属表面有特殊的光泽,使金属包装容器具有良好的装潢效果;④金属材料易于再生使用。

但是,金属材料在包装上的应用受到成本高、能耗大、易变形、易锈蚀等因素的限制。用于包装的金属材料有以下几种。

1. 镀锡薄板。

镀锡薄板俗称马口铁,是表面镀有锡层的薄钢板。表面锡层的作用使这种材料除了具有良好的延展性、刚性和加工性能以外,还具有很强的耐腐蚀性。镀锡薄板的钢基成分和钢板工艺使其具有不同的调质加工性能,可以加工成各种形状的容器。镀锡薄板具有防水、防潮、防污染等优点,主要用来制造高档罐容器,如各种饮料罐、食品罐等。

2. 涂料铁。

涂料铁是在镀锡薄板与食品接触的一面涂上涂料,经过烘烤、干燥制造而成。利用涂料铁生产的罐容器可以增强耐腐蚀能力,进一步保持内装物的质量。

3. 铝合金。

在铝中加入一定比例的其他金属可以制成各种铝合金。按照其他合金元素种类及含量的不同,铝合金可分为许多型号,可制成铝箔、饮料罐、薄板、铝板和型材,还可制成各种包装物,如牙膏皮、饮料罐、食品罐、航空集装箱等。铝合金包装材料的主要特点是隔绝水、气,抗一般腐蚀性物质的能力较强,比强度大,因而包装材料轻、无效包装较少、无毒、外观性能好、易于装饰美化。

(二)玻璃包装材料

玻璃凭其自身的优良特性及不断进步的加工技术成为现代包装的主要材料之一。用于销售包装的玻璃,主要是玻璃瓶和平底杯式的玻璃罐,常用来存装酒、饮料、药品、化学试剂、化妆品和文化用品等。玻璃用于包装的优点如下。

(1)玻璃的化学稳定性良好,不透气、不透湿、耐风化、不变形、耐热、耐磨、耐酸、无毒无异味,有紫外线屏蔽性,有一定的强度,能有效地保护内装物。

(2)玻璃的透明性好,易于造型,具有特殊的传达商品信息和美化商品的效果。

(3)玻璃易于加工,可制成各种规格式样,适应性较强。

(4)玻璃的强化、轻量化技术及复合技术的发展加强了其对产品包装的适应性,尤其在一次性使用的包装材料中具有较强的竞争力。

(5)玻璃包装容器易于反复使用、回收,便于洗刷、灭菌,能保持良好的清洁状态,一般不会造成公害。

(6)玻璃作为包装原材料,其资源丰富且便宜,价格较为稳定。

但是,玻璃用作包装材料存在耐冲击强度低、自身质量大、运输成本高、能耗大等缺点,这些缺点限制了玻璃的应用。

(三)木材包装材料

木材是包装工业中一种重要的包装材料。它的应用较为普遍,长期以来,一直被用于运输包装行业。常用的木材有杉木、松木等。以木材为原料制成的胶合板、纤维板、刨花板等板材也用于制作包装箱、包装桶。木材是一种天然材料,由于树种不同、生长环境不同、树干部位不同,材料的性质也会产生很大差异,因此使用时应合理地选择和处理。木材用于包装的优点如下。

(1)木材具有优良的比强度,有一定的弹性,能承受冲击、振动、重压等。

(2)木材资源广泛,可以就地取材。

(3)木材加工方便,不需要复杂的机械加工设备。

(4)木材可以加工成胶合板等,减轻包装重量,提高木材的均匀性,改善包装外观,扩大木材的应用范围。

但是,木材易吸收水分、易变形开裂、易腐蚀、易受白蚁蛀蚀,常有异味,还不利于成批机械化加工。这是木材作为包装材料的不足之处。受资源的限制,国家已经采取了限制使用木材的措施。因此,木材作为包装材料,前景不佳,使用比重也在不断下降,虽然有被其他材料替代的趋势,但木材包装在包装材料中至今仍占有十分重要的地位。

(四)纸质包装材料

纸质包装材料主要是纸和纸板。它的品种最多,耗量也最大,在包装材料中应用最为广泛。它既被广泛应用于运输包装,又被广泛应用于销售包装,在现代包装中占有重要地位。纸属于软性薄片材料,无法形成固定形状的容器,常用作包裹衬垫和口袋。纸板属于刚性材料,能形成固定形状的容器。

1.纸和纸板用于包装的优点。

(1)纸和纸板的成形性和折叠性优良,便于加工,并能高速连续生产,适合包装生产的机械化。

(2)纸和纸板容易达到卫生要求。

(3)纸和纸板易于印刷,便于介绍和美化商品。

(4)纸和纸板的价格较低,不论单位面积价格还是单位容积价格,与其他材料相比都是经济可行的。

(5)纸和纸板本身质量轻,能降低运输费用。

(6)纸和纸板质地细腻均匀,耐摩擦、耐冲击,容易黏合,无毒、无味、易于加工,适用于不同包装的需要。

(7)纸和纸板的废弃物容易处理、可回收利用、可再生、可降解,不会造成环境污染,可以节约资源。

(8)纸板和瓦楞纸板具有适宜的坚固度、耐冲击性和耐摩擦性,能安全有效地保护内装物。

但是,纸质包装也有一些弱点,如难于封口,受潮后强度下降,以及气密性、防潮性、透明性均较差。

2.常用的包装纸类制品种类。

(1)牛皮纸。牛皮纸的用途比较广泛,可用作铺衬、内包装和外包装,可制成纸袋,还可以用作瓦楞纸面层。牛皮纸的主要特点是柔韧结实、富有弹性,有较高的耐破度和一定的抗水性。它能防止内装物受潮,是包装纸中最结实的一种纸张。

(2)玻璃纸。玻璃纸是透明或半透明的防油纸。它用于内装、小包装及包装盒外、瓶外的封闭包装,有装饰、防潮、防尘的作用。其主要特点是具有抗静电性能,有一定的挺括度,易于印刷且印刷性能好,有很强的装饰性。其缺点是强度较低。

(3)硫酸纸。硫酸纸是经过硫酸处理的半透明纸。它主要用于带一定装饰性的小包装,如用于包装食品、药品等,可防止物品在长时间存放中受潮、干硬、走味、变质。硫酸纸的特点是纸张紧密、硬挺而富有弹性,不透油,不能透过紫外线,不易燃。

(4)板纸。板纸有三种类型:以稻草及其他植物纤维为原料制成的档次比较低的草板纸(又称黄板纸)、具有多层结构而面层用漂白纸浆制成的高档白板纸和密度较高的箱板纸。草板纸用作包装衬垫物及不讲究外观效果的包装盒;白板纸用于价值较高商品的内包装及中小包装的外包装;箱板纸用于制作强度要求较高的纸箱、纸盒、纸桶及各种衬垫。

(5)沥青纸、油纸及蜡纸。它们是指包装原纸经过浸渍沥青、油或蜡而制成的纸。它们有较强的防水、防潮、防油、耐磨等保护性能,主要用于商品的个体包装、内包装及包装箱(盒)的内衬,在工业品包装中使用范围较广。

(6)瓦楞纸板。瓦楞纸板是目前世界上常用的一种包装纸板,由面层纸板和瓦楞芯纸黏合而构成。它的面层一般用箱板纸。面层纸板的作用是使瓦楞纸板具有一定的强度,它的质量在很大程度上决定瓦楞纸板的应变性能。瓦楞芯纸的主要功能是在瓦楞纸板受力的情况下隔开上、下两层面层纸板,使瓦楞纸板具有一定的厚度,提高抗压强度。瓦楞芯可制成不同形状,主要有U形、V形和UV形三种。瓦楞纸板按其构成的层数分单层、三层、五层和七层。与相同厚度的其他纸制品相比,瓦楞纸板的主要特点是质量轻、强度高、抗震性及缓冲性好、生产成本较低、面层有一定装饰和促销作用。因此,瓦楞纸板被广泛应用于运输包装的各个领域。

(五)塑料包装材料

塑料用作包装材料大大改变了商品包装的面貌。塑料在包装中的应用已成为现代商品包装的重要标志之一。各种塑料容器、塑料瓶、塑料袋和塑料箱的使用范围十分广泛,塑料在包装材料中的使用比例仅次于纸和纸板,有取代纸、木材、金属和玻璃的趋势。塑料包装在现代包装中所处的地位越来越重要。

1. 塑料用作包装材料的优点。

(1)塑料具有良好的物理机械性能,如有一定的强度、弹性,具有耐折叠、耐摩擦、抗振动、防潮、气体阻漏等性能。

(2)塑料的化学稳定性好。它耐酸、耐药剂、耐油等性能良好,能防腐蚀且无毒。

(3)塑料属于轻质、节能材料。

(4)塑料加工成形简单,它可以制成薄膜、片材、管材、编织布、无纺布、发泡材料等。

(5)塑料具有良好的透明性,印刷和装饰性良好,能很好地传达商品信息和美化商品。

2. 塑料用作包装材料的弱点。

(1)强度不如钢铁,耐热性不如玻璃,在外界因素长期作用下容易老化。

(2)有些塑料有异味。

(3)有些塑料的内部分子有可能渗入内装物。

(4)易产生静电。

(5)废弃物难处理,易产生环境污染。

(6)其价格受石油价格影响而波动。

塑料品种很多,用于包装的主要有聚乙烯、聚丙烯、聚氯乙烯、聚苯乙烯、酚醛树脂、氨基塑料等。

(六)纤维包装材料

纤维包装材料主要指用各种纤维制作的袋状容器。天然的纤维材料有黄麻、红麻、青麻、罗布麻、棉花等,经工业加工的纤维材料有合成树脂、玻璃纤维等。

(七)复合包装材料

复合包装材料就是将两种或两种以上具有不同特性的材料通过各种方法复合在一起,以改进单一包装材料的性能,发挥包装材料更多优点的材料。常见的复合材料有三四十种,使用最广泛的是塑料与玻璃纸复合材料,塑料与塑料复合材料,金属箔与塑料复合材料,金属箔、塑料、玻璃纸复合材料,纸张与塑料复合材料等。

三、包装容器技术

包装容器是以方便储存、运输、销售为目的而使用的任何容纳、限制或封闭物品(或内包装件)的器具,如袋、盒、箱、瓶、罐等。其中用金属、木材、玻璃、硬质塑料等刚性材料制成的容器在装填或取出物品后,其形状和尺寸不发生变化。我们把这种容器称为刚性容器。用软质塑料、瓦楞纸板等制成的容器,在受到一定外来压力后会发生变形,压力取消后会恢复或基本恢复成原样。我们把这种容器称为半刚性容器。另外,用纸、塑料薄膜、铝箔或布等挠性材料制成的容器,具有柔软性,装填或取出物品后其形状和尺寸发生变化。我们把这种容器称为挠性容器。

(一)包装袋

包装袋是用挠性材料制成的管状结构的容器。包装袋可用任何一种挠性材料(如纸、塑料薄膜等)制成,可以是单层材料,也可以由多层同种或不同的挠性材料复合而成。包装袋所使用的挠性材料一般具有较高的韧性、抗拉强度和耐磨性。包装袋一般是筒管状结构,一端预先封死,包装结束后再封装另一端,包装操作一般采用充填操作。

根据所装物品的性质及使用要求,包装袋所能盛装的质量及其尺寸可相应变动,以便获得最好的经济效益。就包装容器自身与其所能盛装的物品的质量比来说,包装袋是各种包装容器中成本最低的。包装袋可以完全密封,因此能较好地防止外界的污染。包装袋在储藏和运输过程中所占空间较少,但是其比较柔软,缺乏一定的硬度,因此易于碰撞、损坏,没有盒、箱等容器坚固。

(二)包装盒

包装盒通常用纸板、金属、硬质塑料,以及纸板与塑料、铝箔等复合成的材料制成。它不易变形,有较高的抗压强度,刚性高于袋装材料。可以运用多种印刷技术装饰美化包装盒的外观,促进商品销售。

1.固定包装盒。

这种包装盒外形固定,在使用过程中不能折叠变形。它通常由盒体和盒盖两个主要部分组成,有时也包括其他附件,如隔板、内衬盒等。固定包装盒的特点是易于开启和关闭,适宜在货架上布置陈列,一般装饰美观,但制作成本较高,体积较大。

2.折叠式包装盒。

折叠式包装盒的盒体在未盛装物品时可以折叠变形。它一般由纸板或以纸板为基材的复合材料制成,外形以长方体最为普遍。折叠式包装盒的使用范围最广,用量最大。它所占空间较小,既方便运输,又节省费用。

(三)包装箱

包装箱是一种刚性或半刚性容器。它的包装结构与包装盒相同,只是容积、外形都大于包装盒,两者以10 L为界。包装箱有以下几种类型。

1.瓦楞纸箱。

瓦楞纸箱是用瓦楞纸板制成的箱形容器。瓦楞纸箱是纸制容器中应用最广泛的一种包装容器,具有轻便、牢固、便于机械化生产的特点。它可以回收利用,有利于环境保护,也有利于装卸运输。它既可以用于运输包装,也可以用于销售包装。按外形结构分类,瓦楞纸箱可以分为折叠式、固定式和异形三种。按箱体的构成材料分类,瓦楞纸箱可以分为普通型和钙塑型两种。

2.木箱。

木箱是流通领域中常用的一种包装容器,其用量仅次于瓦楞纸箱。木箱主要有木板箱、框板箱和框架箱三种。

(1)木板箱一般用作小型运输包装容器,能装载多种性质不同的物品。作为运输包装容器,木板箱具有很多优点,如有抗碰裂、抗溃散、抗戳穿的性能,有较大的耐压强度,能承受较大负荷,制作方便等。其缺点是箱体较笨重,体积也较大,本身没有防水性。

(2)框板箱是先由条木与人造板材制成箱框板,再经钉合装配而成的。框板箱的特点是:对于具有相同容量的包装箱箱体,框板箱比木板箱轻,但箱体的外径尺寸比木板箱大;由于框板箱有条木加固,因此框板箱具有良好的耐压强度;框板箱箱体均由整块板材制成,因此它具有一定的密封能力,但是耐戳穿强度较小。

(3)框架箱是由一定截面面积的条木构成的箱体骨架,根据需要也可在骨架外面加木板覆盖。这类框架箱有两种形式:无木板覆盖的称为敞开式框架箱,有木板覆盖的称为覆盖式框架箱。框架箱由于有坚固的骨架结构,因此具有较好的抗震和抗扭能力,有较大的耐压能力,而且装载量大。

3.塑料箱。

塑料箱一般用作小型运输包装容器,其优点是重量轻、耐腐蚀性好、整体性强,可装载多种商品,强度和耐用性能满足反复使用的要求,可制成多种色彩以对装载物分类。

(四)包装瓶

包装瓶是瓶颈尺寸有较大差别的小型容器,是刚性包装中的一种。它的包装材料有较高的抗变形能力,刚性、韧性一般也较高。个别包装瓶介于刚性材料与柔性材料之间,瓶的形状在受外力时虽可发生一定程度的变形,但外力一旦撤除,它仍可恢复为原来的形状。包装瓶的结构是瓶颈口径远小于瓶身,且在瓶颈顶部开口包装操作是填灌操作,然后将瓶口用瓶盖封闭。包装瓶的包装量一般不大,适合美化装饰,主要用作商业包装、内包装,用来包装液体、粉状物体等。包装瓶按外形可分圆瓶、方瓶、高瓶、矮瓶、异形瓶等。瓶口与瓶盖的封闭方式有螺纹式、凸耳式、齿冠式、包封式等。

（五）包装罐

包装罐是罐身各处横截面形状大致相同、罐颈短、罐颈内径比罐身内径稍小或无罐颈的一种包装容器，是刚性包装的一种。包装罐主要有三种类型。

1. 小型包装罐。

这种包装罐的外形是典型的罐体，可用金属材料或非金属材料制成。其制造量不大，一般用作销售包装、内包装；罐体可采用各种方式装潢美化，如罐装可口可乐。

2. 中型包装罐。

其外形也是典型的罐体，容量较大；一般用作化工原材料、土特产的外包装，起运输包装的作用。

3. 集装罐。

这是一种大型罐体，外形有圆柱形、圆球形、椭球形，还有卧式、立式等形状。集装罐罐体大而罐颈小，采取灌填式作业，灌进作业和排出作业往往不在同一罐口进行，另设卸货出口。集装罐是典型的运输包装，适合包装液状、粉状及颗粒状货物。

四、包装保护技术

产品的种类繁多，性能各异，所以，包装必须根据产品的类别、性能及聚集状态等因素采用正确的包装方法及相应的包装技术，这样才能保证以最低的货物消耗，将产品完整地送到消费者手中。

（一）一般包装方法

1. 内包装方法。

产品经过包装后置于包装容器之内，并适当加以衬垫，即完成内包装。其目的是吸收振动，防止产品在容器内发生移动和摩擦，避免产品与包装容器相撞，保护产品安全。内包装容器外表面应粘贴适当标志，标志上尽可能按需要说明产品名称、规格号码、数量、单位、合同号码、生产名称及地址、包装日期、包装方法等。

2. 外包装方法。

外包装的目的是方便储运，使产品获得足够保护。外包装主要包括挡塞与支撑、衬垫、防水设施、包装容器、捆扎标志。使用内包装容器再装入外包装容器后的产品通常可省去挡塞及支撑。

（二）防震包装技术

防震包装又称缓冲包装，在各种包装方法中占有重要地位。产品从生产到开始使用，要经过运输、保管、堆码和装卸等一系列过程，这些过程中的每个环节都会对产品产生力的作用，使产品发生机械性损坏。为了防止产品遭受损坏，就要设法减小外力的影响。防震包装就是为了防止商品在运输过程中受到冲击和震动，在内装材料中插入各种防震材料以吸收外部冲击，保护商品免受损坏所采取的具有一定防护措施的包装。防震包装一般采用以下三种形式。

1. 全面防震包装。

全面防震包装是指内装物和外包装之间全部用防震材料填满以进行防震的包装方法。

2. 部分防震包装。

对于整体性好的产品和有内装容器的产品，仅在产品或内包装的拐角或局部使用防震材料进行衬垫即可。所用包装材料主要有泡沫塑料防震垫、充气型塑料薄膜防震垫和橡胶弹簧等。

3. 悬浮式防震包装。

对于某些贵重易损的物品,为了有效地保证其在流通过程中不被损坏,要求外包装容器比较坚固,然后用绳、带、弹簧等将被装物悬吊在包装容器内。在物流过程中,无论是什么操作环节,此类内装物都被稳定地悬吊而不与包装容器发生碰撞,从而减少损坏。

(三)防破损包装技术

缓冲包装具有较强的防破损能力,是防破损包装方法中十分有效的一类。此外,还有以下几种防破损保护技术。

1. 捆扎及裹紧技术。

这种方法使杂货、散货形成一个牢固的整体,增加其整体性,可以有效降低散堆带来的破损率。

2. 集装技术。

集装可以减少流通过程中人、物等与货物的直接接触,从而防止破损。

3. 外包装技术。

这是通过高强度的外包装材料来防止内装物受外力作用而产生破损。

(四)防锈蚀包装技术

防锈蚀包装技术是采用一定的工艺,将防锈蚀材料涂在被包装的金属制品上,防止内容物锈蚀损坏的一种包装方法。一般的防锈蚀包装方法是先将待包装的金属制品表面清洗处理,涂封防锈材料,再选用透湿率小且易封口的防潮包装材料进行包装。

1. 防锈油防锈蚀包装。

大气锈蚀是空气中的氧气、水蒸气及其他有害气体等作用于金属表面引起化学变化的结果。如果使金属表面与引起大气锈蚀的各种因素隔绝(将金属表面保护起来),就可以起到防止金属锈蚀的作用。防锈油包装方法就根据这一原理来防止锈蚀。用防锈油封装金属制品,要求油层具有一定厚度,油层的连续性好,涂层完整。不同类型的防锈油要采用不同的方法进行涂覆。连锁超市中销售的剪刀等金属制品表面通常都会附着防锈油。

2. 气相防锈蚀包装。

气相防锈蚀包装方法是在密封包装容器中用气相缓蚀剂(挥发性缓蚀剂)对金属制品进行防锈处理的技术。气相缓蚀剂是一种能够减缓或阻止金属在侵蚀性介质中的破坏过程的物质,在常温下具有挥发性。在密封包装容器中,它在很短的时间内挥发或升华产生的缓蚀气体能充满整个包装容器内的每个角落和缝隙,同时吸附在金属制品的表面,从而起到抑制金属锈蚀的作用。

(五)防霉腐包装技术

防霉腐包装技术是通过劣化某一不利的环境因素,从而达到抑制或杀死微生物、防止内装物霉腐、保证产品质量目的的一种包装方法。这种方法主要适用于需要保鲜的水果、食品和粮食等。防霉烂变质的包装措施通常是冷冻包装、真空包装或高温灭菌包装。冷冻包装的原理是使包装物能较长时间地存放在低温条件下,从而减慢细菌活动和减缓化学变化的过程,以延长储存期,但不能完全防止食品变质。高温处理可消灭引起食品腐烂的微生物,可在包装过程中选用高温灭菌包装。有些经干燥处理的食品包装,应防止水汽浸入,以防霉腐,可选择防水汽和气密性好的包装材料,如采取真空或充气包装措施。

(六)防虫害包装技术

防虫害包装技术常用的是驱虫剂,即在包装中放入具有一定毒性和气味的药物,利用药物挥发的气体杀灭和驱除各种害虫。常用的驱虫剂有对位二氯化苯、樟脑精等,也可采用真空包装、充气包装、脱氧包装等技术,使害虫无生存环境,从而防止虫害。

此外,为了防止虫害,用于包装的包装材料和包装容器应当不用有虫蛀的木材,竹片或条筐必须经过消毒或蒸煮,糊纸盒的糨糊中应放入防腐剂和驱虫剂,防止蛀虫的滋生。

(七)特种包装技术

1. 充气包装。

充气包装是指采用二氧化碳气体或氮气等不活泼气体置换包装容器中空气的一种包装技术,因此也称为气体置换包装。这种包装方法是根据好氧性微生物需氧代谢的特性,在密封的包装容器中改变气体的组成成分,降低氧气的浓度,抑制微生物的生理活动、酶的活性和鲜活商品的呼吸强度,达到防霉、防腐和保鲜的目的。薯片等易碎食品皆采用此种包装。

2. 真空包装。

真空包装是指将物品装入气密性良好的容器后,在封口之前将容器抽成真空,使密封后的容器内基本没有空气的一种包装方法。一般的肉类商品、谷物加工商品及某些容易氧化变质的商品都可以采用真空包装。采用这种方法不仅可以避免或减少脂肪氧化,而且抑制了某些霉菌和细菌的生长。同时,在对其进行加热杀菌时,由于容器内部气体已排除,因此加速了热量的传导,提高了高温杀菌效率,也避免了加热杀菌时由于气体的膨胀而使包装容器破裂的现象发生。

3. 收缩包装。

收缩包装就是用收缩薄膜包裹物品(或内包装件)后对薄膜进行适当加热处理,使薄膜收缩而紧贴于物品(或内包装件)的一种包装方法。收缩薄膜是一种经过特殊拉伸和冷却处理的聚乙烯薄膜,由于薄膜在定向拉伸时产生残余收缩应力,这种应力受到一定热量后便会消除,从而使其横向和纵向均发生急剧收缩(收缩率通常为30%～70%,收缩力在冷却阶段达到最大值,并能长期保持),同时使薄膜的厚度增加,以此达到保护物品的目的。

4. 拉伸包装。

拉伸包装是20世纪70年代开始采用的一种新型包装技术。它由收缩包装发展而来。拉伸包装是依靠机械装置在常温下将弹性薄膜围绕被包装件拉伸、紧裹,并在其末端进行封合的一种包装方法。拉伸包装无须加热,所以消耗的能源只有收缩包装的1/20。拉伸包装可以捆包单件物品,也可用于托盘包装之类的集合包装。

5. 脱氧包装。

脱氧包装是在密封的包装容器中,使脱氧剂与氧气发生化学反应,从而除去氧气的一种包装技术。脱氧包装是继真空包装和充气包装之后出现的一种新型除氧包装方法。脱氧包装方法适用于某些对氧气特别敏感的物品,对那些即使有微量氧气也会促使品质变坏的食品非常有用。

无论在理论上还是在实践中,连锁企业的农产品物流仍处于起步阶段,物流形式仍以常温物流或自然物流为主,使农产品在流通过程中损失很大。据统计,我国粮食产后损失占粮食总产量的12%～15%,如能挽回此项损失的50%,便可供2000万人口消费4年,相当于开发数百万公顷的"无形粮田";我国每年在运送路上腐烂的果蔬达3.7万吨,可供2亿人食用。这就要求我们在农产品的流通加工和包装方面进行改进。

相关链接

利润是企业经营效果的综合反映,也是其最终成果的具体体现。企业的三大利润来源分别是资源、劳动力和物流。利润主要是从省钱和挣钱这两方面来获取的。因此可以说节约原材料是"第一利润源泉",提高劳动生产率为"第二利润源泉",建立高效的物流系统(包括运输、仓储、配送、流通加工、包装、装卸搬运和物流信息处理等)被誉为企业建立竞争优势的"第三利润源泉"。只要能够很好地控制成本,科学合理地运用这三者之间的关系,企业就能很大程度地提高利润。

思考与练习

【实训练习】

包装标志是指在运输包装外部制作的以特殊图形、符号和文字来传达一定信息的标志。其主要作用是在货物的收发管理中便于识别各种货物,以便作业人员针对不同种类的货物采取不同的防护措施,以保证货物在物流各环节中的安全。

1. 收发货标志。

收发货标志是指把事先规定的商品分类图示标志和附加说明印制在货物的外包装件上,用以说明商品的流转信息及需注意的问题。收发货标志规定,中文用仿宋字,代号用汉语拼音大写字母,数字用阿拉伯数字,英文用大写的拉丁文字母。在实际的应用中,按照运输包装容器的不同形式,可以通过印刷、刷写、粘贴、拴挂等方式来表现物品的收发信息。

(1)常见的纸箱、纸袋、钙塑箱、塑料等适于在物品外包装上印刷收发货标志。在包装容器制造过程中,作业人员将需要的项目按标志颜色的规定印刷在包装容器上。对于不固定的标志,通常的做法是在包装物品后,根据具体情况填写相关内容。

(2)木箱、桶、麻袋、布袋、塑料编织袋通常采用刷写的方式。刷写的收发货标志一定要醒目、牢固,尤其在受到外界的环境影响(如雨淋、风沙侵蚀)时不会发生变化。

(3)粘贴通常用于不固定的标志,对于临时的信息变更,如在收货单位和到达站需要临时确定的情况下,先将需要的项目印刷在60克牛皮纸或白纸上,然后粘贴在包装件有关栏目上。

(4)拴挂。对于不便印刷、刷写的运输包装件(如筐、篓、捆扎件),将需要的项目印刷在不低于120克的牛皮纸、布或金属片上,并拴挂在包装件上(不得用于出口商品)。

2. 包装储运图示标志。

包装储运图示标志是根据产品的某些特性如怕湿、怕震、怕热、怕冻等确定的。其目的是在货物运输、装卸和储存过程中,引起作业人员的注意,使他们按图示的标志要求进行操作。2008年,我国参照国际标准 ISO 780—1997《包装货物搬运的图形标志》(已作废,于2015年更新为 ISO 780—2015),制定了国家标准《包装储运图示标志》(GB/T 191—2008)。

(1)包装储运图示标志图形应按规定的颜色印刷。

(2)需要喷涂的标志,如因货物包装关系不宜按规定的颜色喷涂时,可根据各种包装物的底色,选配与其底色不同的符合明显要求的其他颜色。

(3)印刷时外框线及标志名称都要印上;喷涂时外框线及标志名称可以省略。

(4)印刷标志用纸应采用厚度适当、有韧性的纸张。

(5)包装储运图示标志使用时,对粘贴的标志,箱状包装应位于包装两端或两侧的明显处;袋、捆包装应位于包装明显的一面;桶形包装应位于桶盖或桶身。

(6)对喷涂的标志,可用油漆、油墨或墨汁,以镂模、印模等方式按上述粘贴标志的位置喷涂或书写。

(7)对于钉附的标志,应用喷涂有标志图形的金属板或木板,订在包装的两端或两侧的明显处。

请举例说明商品"包装不足"或"包装过度"的情形。

【任务思考】

1. 包装的功能有哪些?
2. 包装材料有哪些?
3. 包装容器技术有哪些?
4. 包装保护技术有哪些?

任务四　物流配送合理化策略

任务引入

配送必须有利于物流合理化,以降低了物流费用、减少了物流损失、加快了物流速度、发挥了各种物流方式的最优效果、有效衔接了干线运输和末端运输、不增加实际物流的中转次数、采用了先进的技术手段等标志为合理。物流合理化的问题是配送要解决的大问题,也是衡量配送方式优劣的重要标志。

《中华人民共和国国家标准物流术语》规定:配送是在经济合理区域范围内,根据客户要求,对物品进行拣选、加工、包装、分割、组配等作业,并按时送达指定地点的物流活动。配送是物流中一种特殊的、综合的活动形式,是商流与物流的紧密结合,包含了商流活动和物流活动,也包含了物流中若干功能要素的一种形式。

任务分析

【主要内容】物流配送合理化包括配送作业类型、配送作业的要素、合理化配送作业的途径等。

一、配送作业的类型

(1)按实施配送的结点不同进行分类,配送作业包括配送中心配送、仓库配送和商店配送。

(2)按配送商品的种类和数量的多少进行分类,配送作业包括单(少)品种大批量配送、多品种少批量配送和配套成套配送。

(3)按配送时间和数量的多少进行分类,配送作业包括定时配送、定量配送、定时定量配送、定时定路线配送和即时配送。

(4)按经营形式不同进行分类,配送作业包括销售配送、供应配送、销售供应一体化配送和代存代供配送。

二、配送作业的要素

(一)集货

集货是将分散的或小批量的物品集中起来,以便进行运输、配送的作业。集货是配送的重要环节,为了满足特定客户的配送要求,有时需要把从几家甚至数十家供应商处预订的物品集中,并将要求的物品分配到指定的容器和场所。集货是配送的准备工作或基础工作,配送的优势之一,就是可以集中客户的要求进行一定规模的集货。

(二)分拣

分拣是将物品按品种、出入库先后顺序进行分门别类堆放的作业。分拣是配送不同于其他物流形式的功能要素,也是配送加工的一项重要支持性工作。它是完善送货、支持送货的准备性工作,是不同配送企业在送货时进行竞争和提高自身经济效益的必然延伸。所以,也可以说分拣是送货向高级形式发展的必然要求。有了分拣,就会大大提高送货服务水平。

(三)配送加工

配送加工是按照配送客户的要求所进行的流通加工。在配送中,配送加工这一功能要素不具有普遍性,但往往是有重要作用的功能要素。这是因为通过配送加工,可以大大提高客户的满意程度。配送加工是流通加工的一种,但配送加工有它不同于流通加工的特点,即配送加工一般只取决于客户要求,其加工目的较为单一。

(四)配货

配货是使用各种拣选取设备和传输装置,将存放的物品按客户要求分拣出来,配备齐全,送入指定发货地点。

(五)配装

在单个客户配送数量不能达到车辆的有效运载负荷时,就存在如何集中不同客户的配送货物,进行搭配装载以充分利用运能、运力的问题,这就需要配装。跟一般送货不同之处在于,配装送货可以大大提高送货水平及降低送货成本,所以配装也是配送系统中有现代特点的功能要素,也是现代配送不同于以往送货的重要特点之一。

(六)配送运输

配送运输属运输中的末端运输、支线运输,和一般运输形态的主要区别在于:配送运输是较短距离、较小规模、额度较高的运输形式,一般使用汽车作运输工具。配送运输的路线选择问题也是一般干线运输所没有的,干线运输的干线是唯一的运输线,而配送运输由于配送客户多,城市交通路线复杂,如何组合成最佳路线,如何使配装和路线有效搭配等,是配送运输需要考虑的难点。

(七)送达服务

将配好的货物运输到客户还不算配送工作的结束,这是因为送达货和客户取货往往还会出现不协调,使配送前功尽弃。因此,要圆满地实现运达货物的移交,并有效地、方便地处理相关手续以完成结算,还应考虑卸货地点、卸货方式等。送达服务也是配送加工独具的特殊性。

三、合理化配送作业的途径

(一)推行一定综合程度的专业化配送

采用专业设备、设施及操作程序,以取得较好的配送效果并降低配送的复杂程度及难度,从而追求配送合理化。

(二)推行加工配送

通过加工和配送结合,充分利用应有的中转作业,而不增加新的中转作业以使配送合理化。同时,加工借助于配送,使加工目的更明确、用户联系更紧密,从而避免了盲目性。这两者有机结合,投入不增加太多却可追求两个优势、两个效益,是配送合理化的重要经验。生产资料流通加工合理化的方式有如下一些。

1. 加工和配送相结合。

将流通加工设置在配送点中,一方面按配送的需要进行加工,另一方面加工又是配送业务流程中分货、拣货、配货的一环,加工后的产品可直接投入配货作业。这就无须单独设置中间加工环节,使流通加工有别于独立的生产,流通加工便与中转流通巧妙结合在一起。同时,由于配送之前有加工,配送服务水平大大提高。这是当前对流通加工做合理选择的重要形式,在煤炭、水泥等产品的流通中已表现出较大优势。

2. 加工和配套相结合。

在对配套要求较高的流通中,配套的主体来自各个生产单位,但是,完全配套有时无法全部依靠现有的生产单位,进行适当流通加工,可以有效促成配套,大大提高流通的桥梁与纽带的作用。

3. 加工和合理运输相结合。

利用流通加工,在支线运输转干线运输或干线运输转支线运输这本来就必须停顿的环节,不进行一般的支转干或干转支,而是按干线或支线运输合理的要求进行适当加工,从而大大提高运输及运输转载水平。

4. 加工和合理商流相结合。

加工和配送的结合,通过加工,提高了配送水平,强化了销售,是加工与合理商流相结合的一个成功的例证。此外,通过简单地改变包装加工形成方便的购买量,通过组装加工解除用户使用前进行组装、调试的难处,都是有效促进商流的例子。

5. 加工和节约相结合。

节约能源、节约设备、节约人力、节约耗费是流通加工合理化的重要考虑因素,也是目前我国设置流通加工、考虑其合理化的较普遍形式。

(三)推行共同配送

共同配送可以以最近的路程、最低的配送成本完成配送,从而追求合理化。

(四)实行送取结合

配送企业与用户建立稳定、密切的协作关系,配送企业不仅成了用户的供应代理人,而且承担用户储存据点的功能,甚至成为产品代销人。在配送时,配送企业将用户所需物资送到,再将用户生产的产品用同一车运回,这种产品也成了配送中心的配送产品之一,或者作为代存代销,免去了生产企业库存压力。这种送取结合,能充分利用运力,使配送企业功能有更大的发挥,从而追求合理化。

(五)推行准时配送系统

准时配送是配送合理化的重要内容。配送做到了准时,用户才可以放心地实施低库存或零库存,可以有效地安排接货的人力、物力,以追求高效率的工作。另外,保证供应能力也取决于准时供应。从国外的经验看,准时供应配送系统是配送企业追求配送合理化的重要手段。

(六)推行即时配送

作为计划配送的应急手段,即时配送是最终解决用户企业担心断供之忧、大幅度提高供应保证能力的重要手段。即时配送是配送企业快速反应能力的具体化,是配送企业能力的体现。即时配送成本较高,但它是整个配送合理化的重要保证手段。此外,用户实行零库存,即时配送也是重要保证手段。

 相关链接

物流配送系统,是通过广泛的信息支持,实现以信息为基础的物流系统,是一个经济行为系统。根据主要功能可将物流配送系统划分为作业子系统和信息子系统。前者包括输送、装卸、保管、流通、加工、包装等功能,以力求省力化和效率化;后者包括订货、发货、出库管理等功能,力求完成商品流动全过程的信息活动。而人们普遍认为,现代物流配送系统的内在特征,在目的上表现为实现物流的效率化和效果化,以较低的成本和优良的顾客服务完成商品实体从供应地到消费地的活动;在运作上表现为通过作业子系统和信息子系统的有机联系和相互作用,来实现物流系统优化的目的。整合、提高我国的物流配送系统的营运水平,C-ERP(即云 ERP)模式可以最大限度地利用物流企业内外的各种资源,产生协同效应和规模优势,实现将正确的产品,在正确的时间,按正确的数量,保证正确的质量,以正确的态度,抵达正确的地点(简称6R),并使总成本最小,确保运转过程的顺畅、时效和快速,实现资本的循环和增值。

思考与练习

【实训练习】

物流中央化的美国物流模式强调"整体化的物流管理系统",是一种以整体利益为重,冲破按部门分管的体制,从整体进行统一规划的管理模式。联邦快递作为现代美国第三方物流的一面旗帜,其物流中央化的内核正是 C-ERP 管理。"永远不要去做已经有人做过的事情,尤其在现代商业社会,更是如此,你必须是第一个发明者,或者必须是最快的发展者,或者是最高附加值的提供者。"FedEx 的创始人弗雷德·史密斯是这样说的,亦是这样做的。在客户管理方面,联邦快递的探索是卓有成效的,他们努力朝着做顾客"全球运筹专家"的角色迈进。为了实现这一理想,联邦快递构建了完整紧密的客户关系管理系统(CRM 系统)。其运作机制如下:

项目1 连锁企业物流配送合理化

1. 运用"客户服务联机操作系统"及相关的自动运送软件为客户提供实时、完整的在线咨询与服务;
2. 以 FedEx Asia One 打造紧密的亚洲运筹网络,以提高服务范围与满意度;
3. 通过提高员工理念与素质强化客户关系管理;
4. 为客户量身定做全球运筹方案;
5. 构建高度集中化和自动化的客户服务信息系统。

2020年,公司的营业额达到696.93亿美元,荣登《财富》全球500强第148位。CRM系统功不可没,既为公司带来了利润,又赢得了信誉。我国CRM的实现要做好三方面的工作。一是客户服务与支持,即通过控制服务品质以赢得顾客的忠诚度,比如对客户提供快速准确的技术支持、对客户投诉的快速反应、对客户提供精准的产品查询等,这项业务主要是提供服务的成本中心。二是客户群维系,即通过与顾客的交流实现新的销售,比如通过交流赢得失去的客户等,这可以使其成为一个利润中心。三是商机管理,即利用数据库寻找新的业务机会,这又可以使其成为一个利润中心。因此CRM完全可以实现"利润—服务/支持—利润"的循环,实现成本控制和利润增加。

问题:借鉴联邦快递的成功经验,现代物流配送系统需达到什么条件,才可以实现可持续性双赢发展?

【任务思考】
1. 配送作业类型有哪些?
2. 配送作业的要素有哪些?
3. 合理化配送作业的途径有哪些?

项目小结

本项目从四个方面介绍了连锁企业物流配送合理化内容。连锁企业做好物流配送合理化工作,需要确定适合本企业的配送作业流程,开展配送加工作业合理化和包装合理化作业,进而制定物流配送合理化策略。

项目2　连锁企业物流配送策略选择

 项目目标

1. 掌握物流配送模式的选择策略。
2. 掌握物流配送路线的选择策略。
3. 了解物流配送服务商的选择策略。
4. 能够合理选择连锁企业物流配送中心地址。

任务一　物流配送模式的选择

任务引入

当今我国市场经济发展，极其需要创建配送业务平台，以支撑商品流转，满足生产和消费需要。但是，配送新理念在我国的传播相当短暂，由于社会缺乏对配送的支持和投入，到目前为止尚未形成集约化和规模化的配送体系。

配送模式是企业对配送采用的基本战略和方法。它是指构成配送运动的诸要素的组合形态及其运动的标准形式，是适应经济发展需要并根据配送对象的性质、特点及工艺流程而相对固定的配送规律。

任务分析

【主要内容】物流配送的模式划分标准不一，包括按传统和现代划分、按自营和外包划分、按时间和数量划分等。选择一个正确的配送模式，不仅能节约配送成本，而且能加快货期。

连锁企业电商仓库和实体店仓库的商品通过自有配送或外包的形式，将商品配送到实体店或服务站,顾客可以到实体店(服务站)购买,也可以由自提商品或实体店(服务站)送货上门。连锁企业物流配送架构图如图2.1所示。

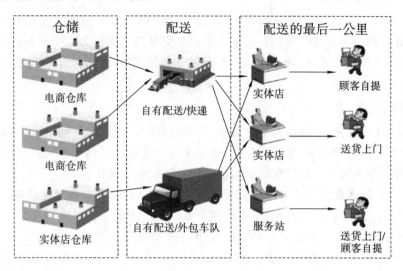

图2.1 连锁企业物流配送架构图

一、按传统和现代来划分

(一)"后勤兵"配送

配送业务处于低谷时期,连锁企业自建的配送中心经济效益低下,会在一定程度上造成资源的浪费。如国内一些相当规模的连锁超市,虽然建立了内部配送中心,并严格实行统一采购、统一进货及统一配送,但从经济效益角度分析,这是迫于无奈的选择,其潜能和效能远远没有发挥,始终充当"后勤兵"的角色。

(二)外包配送

由于传统批发体制解体,使得物流设施和设备、物流专业技术人员等资源闲置,在这种状况下,物流企业委曲求全,租赁资源,依靠承揽单项服务外包配送业务,实现经济利益。

(三)社会化中介配送和共同配送

社会化的中介型配送企业模式是一种地道的独立经济模式,其实质是一种规模化经营模式。根据我国巨大生产能力和消费能力,社会化中介配送和共同配送模式将是我国未来经济发展的巨大开放平台。

二、按自营和外包来划分

(一)自建配送中心配送

这种方式主要适用于实力强大的连锁企业,是由企业独立出资兴建的,并进行独立经营管理,为本企业整个连锁网络和其他企业提供货物。

(二)供应商配送

供应商配送指供应商(如生产企业)送货上门或负责找车送货上门。这些企业可以通过自己的配送系统进行配送,而不需要再将产品发运分配到配送中心进行配送。

(三)第三方外包配送

第三方外包配送指由物流劳务的供方、需方之外的第三方去完成物流服务的物流运作方式,是物流专业化的一种形式。第三方是指提供物流交易双方的部分或全部物流功能的外部服务提供者。在这种配送模式下,企业不拥有自己的任何物流实体,将商品采购、储存和配送都交由第三方完成。

(四)共同配送

共同配送即集中配送,一般由几个物流据点共同协作制订计划,共同组织车辆设备,对许多企业进行打包配送或对同一地区的用户进行统一配送。这样可以提高车辆的利用率,提高配送效率,有利于降低配送成本。共同配送的追求目标是使配送合理化。

连锁企业物流配送模式选择取决于连锁企业对配送中心的要求和对配送中心的管理能力两个维度,如图2.2所示。一般来说,A类连锁企业对配送中心的要求高、对配送中心的管理能力高,可以自建配送中心;B类连锁企业对配送中心的要求高、但对配送中心的管理能力低,可以自建配送中心或由第三方外包配送;C类连锁企业对配送中心的要求低、对配送中心的管理能力也低,可以不建配送中心,全部由第三方外包配送;D类连锁企业对配送中心的要求低、但对配送中心的管理能力高,可以自建配送中心或共同配送。

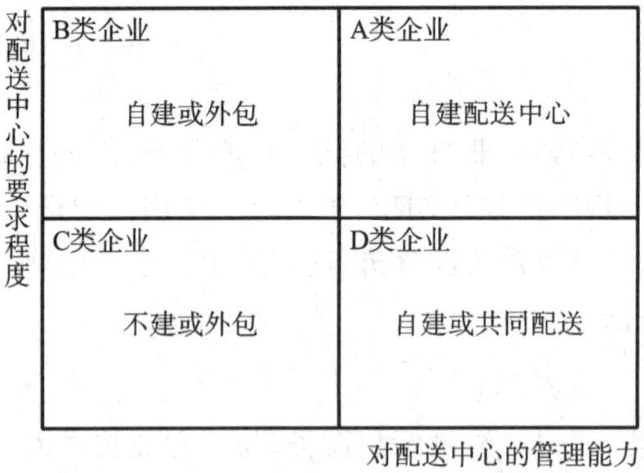

对配送中心的要求程度	B类企业 自建或外包	A类企业 自建配送中心
	C类企业 不建或外包	D类企业 自建或共同配送

对配送中心的管理能力

图 2.2 连锁企业物流配送模式选择

三、按配送时间和数量来划分

(一)定时配送方式

在相同的时间间隔内进行物品配送,每次配送的品种和数量可以按照计划执行,也可以按合同规定的方式进行配送,如日配、看板方式配送等。

(二)定量配送方式

定量配送方式是指按规定的数量在固定时间范围内配送物品。这种配送方式每次配送的品种数量固定,配货作业较为简单。

(三)定时定量配送方式

按规定的时间、品种和数量进行配送作业,这种配送方式结合了定时配送方式和定量配方式的特点,服务水平较高,同时也使配送组织工作增大,通常只针对固定用户进行这项服务,适用范围有限。

(四)即时配送

即时配送是指配送平台接到门店或用户通过 PC 端或者移动互联网渠道即时提出配送到达时间、数量等方面的配送要求,在短时间内响应并进行配送的方式。

相关链接

影响配送模式选择的因素包括如下一些。

1. 配送成本。配送成本是连锁企业管理者在选择配送模式时考虑的核心要素。
2. 配送服务。选择配送模式要以适合的质量、适合的数量、适合的时间、适合的地点、适合的价格、适合的商品来满足门店的需求为目标。
3. 商品特点。选择配送模式时要注意商品运输时间和商品特殊配送要求。
4. 地区经济。地区经济发展好,恰当的配送模式能够保证连锁企业经营目标的实现。
5. 政府政策。如果政府给予某种配送模式一定的政策扶持(如制定相应的法规,给予贷款、税收上的优惠等),那么连锁超市就会倾向于选择政府政策扶持的配送模式。
6. 物流服务市场。物流服务市场不规范,连锁超市所能控制配送流程的范围较小。

思考与练习

【实训练习】

加工配送是指对货物进行部分加工后,再按客户要求将货物配送的活动。这种配送活动可以将加工和配送合为一体,使加工目的明确、针对性强,因此可以大幅度提高配送服务品质及作业效率。

问题:请举例说明什么是加工配送?

【任务思考】

1. 简述物流配送模式按传统和现代来划分的类型及策略选择。
2. 简述物流配送模式按自营和外包来划分的类型及策略选择。
3. 简述物流配送模式按配送时间和数量来划分的类型及策略选择。

任务二 物流配送路线的选择

任务引入

物流配送是物流的基本功能之一,在物流活动中具有重要的地位和作用。它体现了物流的最终效应——直接为客户服务、满足客户的各种需求。如果没有物流配送,物流的经济效益与社会效益就会受到影响可以说物流成果主要是通过配送来实现的。

选择正确的物流配送路线，不仅有利于提高配送效率，更好地为客户服务，还有利于节约企业成本，有助于企业的长远发展。

任务分析

【主要内容】物流配送路线的选择包括配送路线目标的确定、配送路线的优化、配送路线约束条件的确定、配送路线的选择等。

一、配送路线目标的确定

目标的选择是根据配送的具体要求、配送中心的实力及客观条件来确定的。由于目标有多个，因此可以有多种选择方法。

（一）以效益最高为目标

当选择以效益为目标时，一般是以企业当前的效益为主要考虑因素，同时兼顾长远的效益。效益是企业整体经营活动的综合体现，可以用利润来表示，因此，在计算时是以利润最大化为最终目标。由于效益是综合的反映，在拟定数学模型时，很难与配送路线之间建立函数关系，一般很少采用这一目标。

（二）以成本最低为目标

计算成本比较困难，但成本和配送路线之间有密切关系，在成本对最终效益起决定作用时，选择成本最低为目标实际上就是选择了以效益为目标，但有所简化，比较实用，因此是可以采用的选择方案。

（三）以路程最短为目标

如果成本和路程相关性较强，而和其他因素是微相关时，可以以路程最短为目标，这可以大大简化计算，而且也可以避免许多不易计算的影响因素。需要注意的是，有时候路程最短并不见得成本就最低，如果道路条件、道路收费影响了成本，单以最短路程为最优解就不合适了。

（四）以吨公里最小为目标

吨公里最小常在长途运输的情况下作为目标，在多个发货站和多个收货站的条件下，而且是在整车发到的情况下，选择吨公里最小为目标是可以取得满意结果的。以吨公里最小为目标的选择方式对一般情况是不适用的，但当采取共同配送方式时，可用吨公里最小为目标。"节约里程法"的计算所确定的配送目标，就是采用吨公里最小的思路。

（五）以准时性最高为目标

准时性是配送中重要的服务指标，以准时性为目标确定配送路线就是要协调各用户的时间要求和路线安排，这样有时难以顾及成本问题，甚至需要牺牲成本来满足准时性要求。当然，在这种情况下成本也不能失控，应有一定限制。

（六）以运力利用最合理为目标

在运力非常紧张，运力与成本或效益又有一定相关关系时，为节约运力，充分运用现有运力,而不需外租车辆或新购车辆,此时便以运力利用最合理为目标,确定配送路线。

(七)以劳动消耗最低为目标

以油耗最低、司机人数最少、司机工作时间最短等劳动消耗为目标确定配送路线也有所应用,这主要是在特殊情况下(如供油异常紧张、油价非常高、人员骤减、某些因素限制了配送司机人数等)必须选择的目标。

二、配送路线的优化

随着配送的复杂化,配送路线的优化一般要结合数学方法及计算机求解法来制定合理的配送方案。目前确定配送方案的一个较成熟的方法是节约法,也叫节约里程法。利用节约里程法确定配送路线的主要出发点是:根据配送中心的配送能力(包括车辆的多少和载重量)和配送中心到各个用户以及各个用户之间的距离来制定使总的车辆运输的吨公里最小的配送方案。利用节约里程法制定出的配送方案除了使配送总吨公里最小外,还满足以下条件:
(1)方案能满足所有用户的要求;
(2)不使任何一辆车超载;
(3)每辆车每天的总运行时间或行驶里程不超过规定的上限;
(4)能满足用户到货时间的要求。

实际上配送路线的优化就是采用最优化理论和方法,如线性规划的单纯形法、非线性规划法、动态规划法等,建立相应的数学模型,再利用计算机进行求解,最后得出最优方案。

三、配送路线约束条件的确定

一般配送的约束条件有:
(1)满足所有收货人对货物品种、规格、数量的要求;
(2)满足收货人对货物发到时间的要求;
(3)在允许通行的时间内进行配送;
(4)各配送路线的货物量不超过车厢容积和载重量的限制;
(5)在配送中心现有运力允许的范围内。

四、配送路线的选择

配送路线设计就是整合影响配送运输的各种因素,适时适当地利用现有的运输工具和道路状况,及时、安全、方便、经济地将客户所需的商品准确地送达客户手中。在配送运输路线设计中,需根据不同客户群的特点和要求,选择不同的路线设计方法,最终达到节省时间、运距和降低配送运输成本的目的。

(一)配送路线类型

1.往复式行驶路线。

往复式行驶路线指在货物运送过程中,车辆在两个物流结点之间往返运行的路线形式。根据汽车的行驶载运情况,行驶路线又可分为单程载往复式、回程载往复式和双程载往复式。

2.环形式行驶路线。

环形式行驶路线指车辆在由若干个物流结点组成的封闭回程路线中连续单向运行的行驶

路线。具体有简单环形式、交叉或三角形式和复合环形式。

3. 汇集式行驶路线。

汇集式行驶路线指车辆沿分布于运行路线上各物流结点依次完成相应的装卸作业,且每次的货物装(卸)量均小于该车核定载货量,直到整个车辆装满(卸空)后返回出发点的行驶线路。一般情况下,汇集式行驶路线为封闭路线,具体有3种形式:分送式、收集式和分送-收集式。

(二)确定配送路线的方法

1. 方案评价法。

当对配送路线的影响因素较多,难以用某种确定的数学关系表达时,或难以以某种单项依据评定时,可以采取对配送路线方案进行综合评定的方法。综合评定方案以确定最优方案的步骤如下。

(1) 拟定配送路线方案。以某一项较为突出和明确的要求作为依据,例如,以某几个点的配送准时性,或司机习惯行驶路线等拟定几种不同方案,方案中应包含路线发、经地点及车型等具体参数。

(2) 对各方案引发的数据进行计算。计算如配送距离、配送成本、配送行车时间等数据,并作为评价依据。

(3) 确定评价项目。决定从哪几方面对各方案进行评价,如动用车辆数、配送司机数、油耗、总成本、行车难易程度、准时性及装卸车难易程度等方面,都可作为评价依据。

(4) 对方案进行综合评价。

2. 最短路线法。

由一个供应点对一个客户的专门送货,称为直送式配送运输。从物流优化的角度看,直送式客户的基本条件是其需求量接近于或大于可用车辆的额定质量,需专门派一辆或多辆车一次或多次送货。因此,在直送情况下,货物配送追求的是多装快跑,选择最短配送路线,以节约时间、费用,提高配送效率。即直送式配送运输的物流优化,主要是寻找物流网络中的最短路线。

目前解决最短路线问题的方法有很多,现以位势法为例,介绍如何解决物流网络中的最短路线问题。已知如图 2.3 所示物流网络,各结点分别表示为 A、B、C、D、E、F、G、H、I、J、K,各结点之间的距离如图所示,试确定各结点间的最短路线。

寻找最短路线的步骤如下。

第一步,选择货物供应点为初始结点,并取其位势值为 0,即 $V_I = 0$。

第二步,考虑与 I 点直接相连的所有路线结点。设其初始结点的位势值为 V_I,则其终止结点 J 的位势值 V_J 可按下式确定:

$$V_J = V_I + L_{IJ}$$

式中:L_{IJ} ——I 点与 J 点之间的距离。

第三步,从所得到的所有位势值中选出最小值,此值即为从初始结点到该点的最短距离,将其标在该结点旁的方框内,并用箭头标出该连线 IJ,以此表示从 I 点到 J 点的最短路线走法。

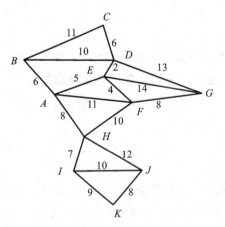

图 2.3 物流网络示意图

第四步,重复以上步骤,直到物流网络中所有的结点的位势值均最小。

第五步,各结点的位势值表示从初始结点到该点的最短距离。带箭头的各条连线则组成了从初始结点到其余结点的最短路线。分别以各点为初始结点,重复上述步骤,即可得各结点之间的最短距离。

【例2.1】 在物流网络图2.3中,试寻找从供应点A到客户K的最短路线。

【解】 根据以上步骤,计算如下。

①取$V_A=0$。

②确定与A点直接相连的所有结点的位势值:

$$V_B=V_A+L_{AB}=0+6=6$$
$$V_E=V_A+L_{AE}=0+5=5$$
$$V_F=V_A+L_{AF}=0+11=11$$
$$V_H=V_A+L_{AH}=0+8=8$$

③从所得的所有位势值中选择最小值$V_E=5$,并标注在对应结点E旁边的方框内,并用箭头标出连线AE。即

$$\min\{V_B,V_E,V_F,V_H\}=\min\{6,5,11,8\}=V_E=5$$

④以E点为初始结点,计算与之直接相连的D、G、F点的位势值(如果同一结点有多个位势值,则只保留最小者)。

$$V_D=V_E+L_{ED}=5+2=7$$
$$V_G=V_E+L_{EG}=5+14=19$$
$$V_F=V_E+L_{EF}=5+4=9$$

⑤从所得的所有剩余位势值中选出最小者6,并标注在对应的结点F旁,同时用箭头标出连线AB,即

$$\min\{V_B,V_H,V_D,V_G,V_F\}=\min\{6,8,7,19,9\}=V_B=6$$

⑥以B点为初始结点,与之直接相连的结点有D、C点,它们的位势值分别为16和17。从所得的所有剩余位势值中取最小,即

$$\min\{8,7,19,9,17\}=V_D=7$$

将最小位势值7标注在与之相应的结点D旁边的方框内,并用箭头标出其连线ED。

如此继续计算,可得最优路线如图2.4所示,由供应点A到客户K的最短距离为24。

依照上述方法,将物流网络中的每一结点当作初始结点,并使其位势值等于0,然后进行计算,可得所有结点之间的最短距离。

3. 分送式配送运输。

分送式配送是指由一个供应点对多个客户的共同送货。该方法的使用条件是同一条路线上所有客户的需求量总和不大于一辆车的额定载重量。送货时,由一辆车装着所有

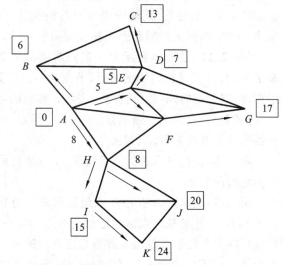

图2.4 最优路线图

客户的货物,沿着一条精心挑选的最佳路线依次将货物送到各个客户手中,这样既保证按时按量将用户需要的货物送到,又节约了车辆,节省了费用,缓解了交通紧张的压力,并减少了运输对环境造成的污染。

4. 节约里程法。

节约里程法的基本思想:设 P_0 为配送中心,分别向用户 P_i 和 P_j 送货。P_0 到 P_i 和 P_j 的距离分别为 d_{0i} 和 d_{0j},两个用户 P_i 和 P_j 之间的距离为 d_{ij},送货方案只有两种,即配送中心 P_0 向用户 P_i、P_j 分别送货和配送中心 P_0 向用户 P_i、P_j 同时送货,如图 2.5 所示。

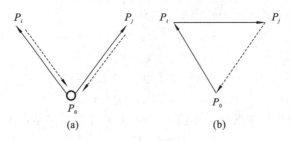

图 2.5　往返送货和巡回送货

方案 1 的配送路线为 $P_0 \rightarrow P_i \rightarrow P_0 \rightarrow P_j \rightarrow P_0$,配送距离为 $d_1 = 2d_{0i} + 2d_{0j}$;

方案 2 配送路线 $P_0 \rightarrow P_i \rightarrow P_j \rightarrow P_0$,配送距离为 $d_2 = d_{0i} + d_{0j} + d_{ij}$。

显然,d_1 不等于 d_2,我们用 s_{ij} 表示里程节约量,即方案 2 比方案 1 节约的配送里程为

$$s_{ij} = d_{0i} + d_{0j} - d_{ij} \tag{2.1}$$

五、路线选择分析

运输路线的选择影响到运输设备和人员的利用,合理地确定运输路线可以降低运输成本。尽管路线选择问题种类繁多,但可以将其归为以下几个基本类型。

(一)起讫点不同的单一路线选择

对分离的、单一始发点和终点的网络运输路线选择问题,最简单和直观的方法是最短路线法,即"n 次迭代法"。运输网络由节点和线组成,点与点之间由线连接,线代表节点之间的运输成本(距离、时间或时间和距离加权的组合)。

【例 2.2】图 2.6 所示是一张公路网络示意图,其中 A 点是始发点,J 点是终点,B、C、D、E、F、G、H、I 点是网络中的节点,节点与节点之间以统一路线连接,路线上标明了两个节点之间的距离,以运行时间(单位:分钟)表示。要求确定一条从起点 A 到终点 J 的最短运输路线。

【解】首先列出一张表格,如表 2.1 所示。第一个已解的节点就是起点 A。与 A 点直接连接的未解的节点有 B、E、H 点。

第一步,我们可以看到 B 点是距 A 点最近的节点,记为 AB,由于 B 点是唯一选择,所以它成为已解的节点。

第二步,找出距 A 点和 B 点最近的未解的节点,列出距各个已解的节点最近的连接点,于是有 AE,BE。注意从起点通过已解的节点到某一节点所需的时间应该等于到达这个已解结点的最短时间加上已解节点与未解节点之间的时间,也就是说,从 A 点经过 B 点到达 E 点的时间成本为 $AB + BE = 80$ 分 $+ 56$ 分 $= 136$ 分,而从 A 点直达 E 点的时间成本为 128 分,现在 E 点也成了已解节点。

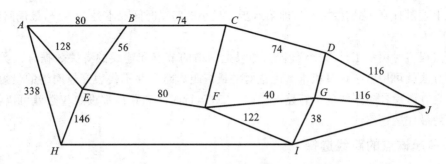

图 2.6 "n 次迭代法"配送网络示意图

第三步,要找到与各已解节点直接连接的最近的未解节点。如表 2.1 所示,有三个候选点,从起点 A 到这三个候选点 H、C、F 所需的时间,相应为 338、154、208 分,其中连接 BC 的时间最短,因此 C 点就是第三迭代的结果。

表 2.1 最短路线计算表

步骤	直接连接到未解结点的已解结点	与其直接连接的未解结点	相关总时间成本	第 n 次迭代最近结点	最小时间成本	最新连接
1	A	B	80	B	80	AB^*
2	A B	E E	128 80+56=136	E	128	AE
3	A B	H C	338 80+74=154	C	154	BC^*
4	A E C	H F D	338 128+80=208 154+74=228	F	208	EF
5	A E C F	H H D G	338 128+146=274 154+74=228 208+40=248	D	228	CD^*
6	A E F D	H H G J	338 128+146=274 208+40=248 228+116=344	G	248	FG
7	A E F G D	H H I I J	338 128+146=274 208+122=330 248+38=286 228+116=344	H	274	EH
8	G D	J J	248+116=464 228+116=344	J	344	DJ^*

注:*表示最小时间成本路线。

重复上述过程直至到达终点 J，即第八步。最小的路线时间成本是 344 分，最优路线为 A—B—C—D—J。

当节点很多时用手工计算比较繁杂，如果把网络的节点和连线的有关数据存入数据库中，最短路线方法就可用电子计算机求解。绝对的最短距离路径并不代表穿越网络的最短时间，因为该方法没有考虑各条路线的运行路况。因此，对运行时间和距离都设定权数就可以得出具有实际意义的最佳运输路线。

（二）多起讫点的路线选择

如果由多个货源地可以服务多个目的地，那么我们面临的问题是，要找到各目的地的供货地，并制定供货地、目的地之间的最佳路径。该问题经常发生在多个供应商、工厂或仓库服务于多个客户的情况下。如果各供货地能够满足的需求数据有限，问题就会更复杂。解决这类问题常常可以运用一类特殊的线性规划算法，即运输方法求解。

最小元素法是表上作业法，是求解配送运输方案的一种简便而有效的方法。一般先找出运价表中最小的元素，再在运量表内对应的格填入允许取得的最大数，在统筹兼顾的情况下，经过最优性检验和改进后得到最佳配送运输方案。

1. 一般模型（供求均衡模型）。

货物运输模型是数学模型在货物运输中的应用，具体表现形式如下：

要将某类商品从 m 个产地 $P_1, P_2, \cdots, P_m$ 运往 n 个销地 $Q_1, Q_2, \cdots, Q_n$；

已知产地 $P_i(i=1,2,\cdots,m)$ 的发运量为 $p_i(i=1,2,\cdots,m)$；

销地 $Q_j(j=1,2,\cdots,n)$ 的需要量为 $q_j(j=1,2,\cdots,n)$；

并且已知从产地 P_i 运到销地 Q_j 的单位运价为 $C_{ij}(i=1,2,\cdots,m;j=1,2,\cdots,n)$，运输里程为 $L_{ij}(i=1,2,\cdots,m;j=1,2,\cdots,n)$。

则从产地 P_i 运往销地 Q_j 的商品运量应满足总产量与总销量平衡：

$$\sum_{i=1}^{m} p_i = \sum_{j=1}^{n} q_j \tag{2.2}$$

【例 2.3】 甲、乙、丙三个仓库向 A、B、C、D 四个工地调拨物资，商品从各仓库至各工地的单位运费（单位：元）已列出（见表 2.2）。采用最小元素法确定合理的运输路线和运量。

表 2.2 最短路线法计算示例

仓库	工地				供应量/t	修正值
	A	B	C	D		
甲	15	18	19	13	50	
乙	20	14	15	17	30	
丙	25	12	17	22	70	
需求量/t	30	60	20	40	150	
修正值						

【解】 按最小元素法计算各结点的最短路线，得到表 2.3。

项目2 连锁企业物流配送策略选择

表2.3 供求均衡表上作业法

仓库	工地				供应量/t	修正值
	A	B	C	D		
甲	15③/10	18	19	13②/40	50	10
乙	20⑤/10	14	15④/20	17	30	10
丙	25⑥/10	12①/60	17	22	70	10
需求量/t	30	60	20	40	150	
修正值	20					

所以，按照最小元素法确定的路线和运量描述是：甲仓库分别向A、D工地调拨10 t、40 t货物；乙仓库分别向A、C工地调拨10 t、20 t货物；丙仓库分别向A、B工地调拨10 t和60 t货物，运费为

$$(15\times10+13\times40+20\times10+15\times20+25\times10+12\times60)元=2\ 140\ 元$$

2.供求不均衡模型。

(1)供过于求。将上例中的供应量作适当修正，使之成为供过于求的情况。从表2.4可见，供过于求25个单位。为了建立运输表，设一个虚销地点E，表示接收超过的供应量，并规定从任何一个发货点到这个虚销地点的单位运费为零。假定需求量不变，供应量修正如表2.4所示。

表2.4 供过于求表上作业法

仓库	工地					供应量/t	修正值	二次修正值
	A	B	C	D	虚E			
甲	15③/10	18	19	13②/40	0	50	10	
乙	20⑤/20	14	15④/20	17	0⑥/15	55(原30)	35	15
丙	25	12①/60	17	22	0⑦/10	70	10	
需求量/t	30	60	20	40	25	175		
修正值	20							

在这个优化方案中，乙仓库和丙仓库分别向工地E安排运量15 t和10 t，因为工地E是虚设的，并不存在真正的运输。所以，实际方案是仓库乙、仓库丙的总运量不足55 t、70 t，分别还有15 t、10 t的货物仍保留在原地。所以，按照最小元素法确定的路线和运量描述是：甲仓库分别向A、D工地调拨10 t、40 t货物；乙仓库分别向A、C工地调拨20 t、20 t货物；丙仓库向B工地调拨60 t货物，运费是

$$(15\times10+13\times40+20\times20+15\times20+12\times60)元=2\ 090\ 元$$

(2)供不应求。将上例中的供应量作适当修正，使之成为供不应求的情况。从表2.5可见，供不应求25个单位。为了建立运输表，设一个虚发货点丁仓库，表示超过需求的供应量，并规定由丁仓库运往任何工地的单位运费为零。先求得如表2.2所示初始方案，然后适当改进，得优化方案，如表2.5所示。

连锁企业物流配送管理实务

表 2.5 供不应求表上作业法

仓库	工地 A	工地 B	工地 C	工地 D	供应量/t	修正值
甲	15③/10	18	19	13②/40	50	10
乙	20	14	15④/30	17	30	
丙	25	12①/60	17⑤/10	22	70	10
虚丁	0⑦/20	0	0⑥/5	0	25	
需求量/t	30	60	45(原20)	40	175	
修正值	20		15			

在优化方案中,丁仓库分别向 A、C 工地安排运量 20 t 和 5 t,因为发货点丁仓库是虚设的,所以这 25 t 供应量实际不存在,工地 A 只由甲仓库发送 10 t,另外 20 t 需求无法满足;工地 C 由乙仓库发送 30 t,由丙仓库发送 10 t,另外 5 t 需求无法满足。

所以,按照最小元素法确定的路线和运量描述是:甲仓库分别向 A、D 工地调拨 10 t、40 t 货物;乙仓库向 C 工地调拨 30 t 货物;丙仓库分别向 B 工地、C 工地调拨 60 t、10 t 货物,运费是

$$(15\times10+13\times40+15\times30+12\times60+17\times10)元 = 2\,010\,元$$

(三) 起讫点重合的配送路线选择

物流管理人员经常遇到这样的路线选择问题:始发点就是终点的路线选择。这类问题通常在运输工具是私人所有的情况下发生,例如,配送车辆从仓库送货至零售点,然后返回仓库,再重新装货;当地的配送车辆从零售点送货至顾客,再返回;接送孩子上学的学校巴士从学校出发接送学生,再返回学校;送报车辆从单位出发送报,再返回单位;等等。这类问题求解的目标是寻求访问各点的次序,以求运行时间或距离最小化。始发点和终点相重合的路线选择问题通常被称为"旅行推销点"问题,对这类问题应用节约里程法比较有效。

根据节约里程法的基本思想,如果一个配送中心 P_0 分别向 n 个客户 $P_j(j=1,2,\cdots,n)$ 配送货物,在汽车载重能力允许的前提下,每辆汽车的配送路线上经过的客户数越多,里程节约量越大,配送路线越合理。

下面举例说明节约里程法的求解过程。

【例 2.4】 某一配送中心 P_0 向 10 个客户 $P_j(j=1,2,\cdots,10)$ 配送货物,其配送网络如图 2.7 所示。图中括号内的数字表示客户的需求量(单位:t),路线上的数字表示两节点之间的距离(单位:km)。配送中心能提供载重量为 2 t 和 4 t 两种车辆,试制定最优的配送方案。

【解】 第一步,计算最短距离。根据配送网络中的已知条件,计算配送中心与客户及客户之间的最短距离,结果如图 2.8 所示。

第二步,根据式(2.1)计算节约里程 s_{ij},结果如图 2.9 所示。

第三步,将节约里程 s_{ij} 进行分类,按从大到小的顺序排列,得表 2.6。

项目2 连锁企业物流配送策略选择

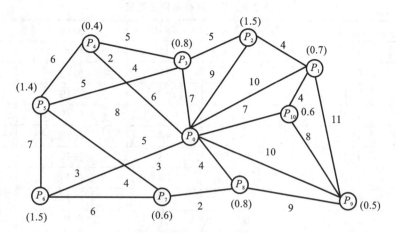

图 2.7 节约里程法配送网络示例

P_0										
10	P_1									
9	4	P_2								
7	9	5	P_3							
8	14	10	5	P_4						
8	18	14	9	6	P_5					
8	18	17	15	13	7	P_6				
3	13	12	10	11	10	6	P_7			
4	14	13	11	12	12	8	2	P_8		
10	11	15	17	18	18	17	11	9	P_9	
7	4	8	13	15	15	15	10	11	8	P_{10}

图 2.8 配送中心与客户及客户之间的最短距离(单位:km)

P_1									
15	P_2								
8	11	P_3							
4	7	10	P_4						
0	3	6	10	P_5					
0	0	0	3	9	P_6				
0	0	0	0	1	5	P_7			
0	0	0	0	0	4	5	P_8		
9	4	0	0	0	1	2	5	P_9	
13	8	1	0	0	0	0	0	9	P_{10}

图 2.9 计算节约里程(单位:km)

表 2.6 节约里程项目分类表

序号	路线	节约里程/km	序号	路线	节约里程/km
1	P_1P_2	15	13	P_6P_7	5
2	P_1P_{10}	13	13	P_7P_8	5
3	P_2P_3	11	13	P_8P_9	5
4	P_3P_4	10	16	P_1P_4	4
4	P_4P_5	10	16	P_2P_9	4
6	P_1P_9	9	16	P_6P_8	4
6	P_5P_6	9	19	P_2P_5	3
6	P_9P_{10}	9	19	P_4P_6	3
9	P_1P_3	8	21	P_7P_9	2
9	P_2P_{10}	8	22	P_3P_{10}	1
11	P_2P_4	7	22	P_5P_7	1
12	P_3P_6	6	22	P_6P_9	1

第四步,确定配送路线。从分类表中,按节约里程的大小顺序,组成路线图。

(1)初始方案:对每一客户单独派车送货,结果如图 2.10 所示。

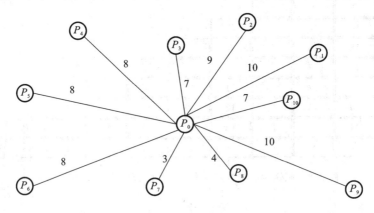

图 2.10 初始方案

配送路线:10 条。

配送距离:$s_0=148$ km。

配送车辆:2 t×10。

(2)修正方案 1:按节约里程 s_{ij} 由大到小的顺序,连接 P_1 和 P_2,P_1 和 P_{10},P_2 和 P_3,得修正方案 1,如图 2.11 所示。

配送路线:7 条。

配送距离:$s_1=109$ km。

配送车辆:2 t×6+4 t×1。

(3)修正方案 2:在剩余的 s_{ij} 中,最大的是 $s_{3,4}$ 和 $s_{4,5}$,此时 P_4 和 P_5 都有可能并入路线 A 中,但考虑到车辆的载重量及路线均衡问题,连接 P_4 和 P_5 形成一个新的路线 B,得修正方案 2,如图 2.12 所示。

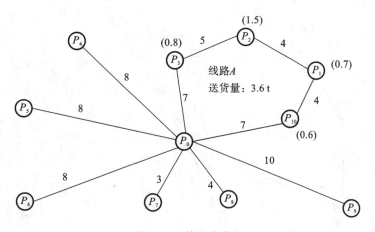

图 2.11 修正方案 1

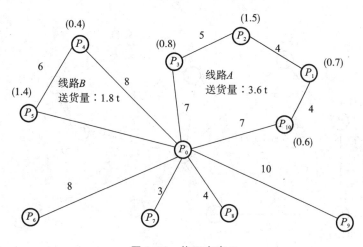

图 2.12 修正方案 2

配送路线：6 条。

配送距离：$s_2 = 99$ km。

配送车辆：2 t×5＋4 t×1。

(4) 修正方案 3：接下来最大的 s_{ij} 是 $s_{1,9}$ 和 $s_{5,6}$，由于此时 P_1 已属于路线 A，若将 P_9 并入路线 A，车辆会超载，故只将 P_6 点并入路线 B，得修正方案 3，如图 2.13 所示。

配送路线：5 条。

配送距离：$s_3 = 90$ km。

配送车辆：2 t×3＋4 t×2。

(5) 修正方案 4：再继续按 s_{ij} 由大到小排出 $s_{9,10}$、$s_{1,3}$、$s_{2,10}$、$s_{2,4}$、$s_{3,6}$，由于与其相应的用户均已包含在已完成的路线里，故不予考虑。把 $s_{6,7}$ 对应 P_7 点并入路线 B 中，得修正方案 4，如图 2.14 所示。

配送路线：4 条。

配送距离：$s_4 = 85$ km。

配送车辆：2 t×2＋4 t×2。

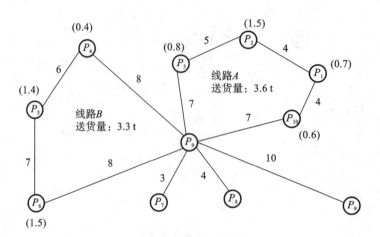

图2.13　修正方案3

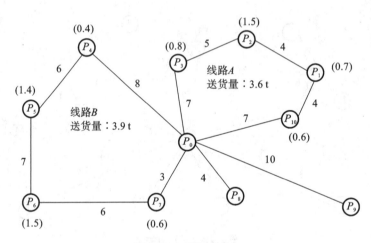

图2.14　修正方案4

(6)最终方案:剩下的是$s_{7,8}$,考虑到配送距离的平衡和载重量的限制,不将P_8点并入路线B中,而是连接P_8和P_9,组成新的路线C,得到最终方案,如图2.15所示。这样配送方案已确定:共存在3条配送路线,总的配送距离为80 km,需要的配送车辆为2 t车一辆,4 t车3辆。3条配送路线分别如下。

第一条配送路线A:$P_0 \rightarrow P_3 \rightarrow P_2 \rightarrow P_1 \rightarrow P_{10} \rightarrow P_0$,使用一辆4 t车。

第二条配送路线B:$P_0 \rightarrow P_4 \rightarrow P_5 \rightarrow P_6 \rightarrow P_7 \rightarrow P_0$,使用一辆4 t车。

第三条配送路线C:$P_0 \rightarrow P_8 \rightarrow P_9 \rightarrow P_0$,使用一辆2 t车。

最终方案如下。

配送路线:3条。

配送距离:$s_4 = 80$ km。

配送车辆:2 t×1+4 t×2。

综上所述,节约里程法步骤如下。

第一步,计算配送中心A到各配送点、各配送点之间的最短距离。

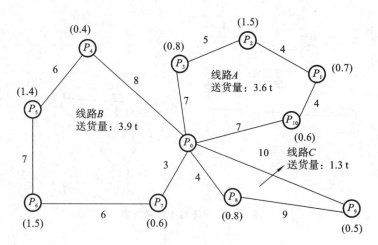

图 2.15 最终方案

第二步,计算各配送点组合的节约里程数,由大到小排序。

第三步,从节约里程最大的三角形开始,按照给出的条件推理,确定最优配送路线。

第四步,小结。

【例 2.5】 配送中心 P(见图 2.16)向 A、B、C、D、E 五个用户配送物料,分别为 4.5 t、2.3 t、1.7 t、0.8 t 和 3 t。另外,配送中心能提供载重量为 5 t 和 10 t 的汽车,且汽车一次巡回走行里程不能超过 30 km。请用节约里程法求该配送中心的最优送货方案。

【解】 配送路线优化后确定为 2 条,即 $PBCDP$ 和 $PAEP$,如图 2.17 所示,总行程为 $28+23=51$ km,分别使用载重量为 5 t 和 10 t 的货车各 1 辆。

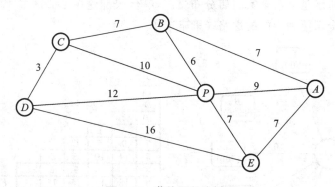

图 2.16 节约里程法例题

相关链接

在电子商务中,与物流配送相关的最重要的运营决策是送货路线规划和送货日程安排。管理人员必须决定向客户送货的先后顺序,对送货路线进行规划,尽可能地降低送货成本。如果每家商店的进货规模较小,配送中心就可以使用节约里程法制定最优的配送路线方案,通过联合小批量运送减少送货成本。

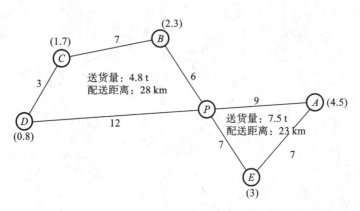

图 2.17 配送路线优化方案

思考与练习

【实训练习】

配送时效和配送成本是连锁企业需要考虑的重要问题。全家便利店对配送系统进行了全面升级,系统可以自动设计送货流程,设计内容从货车的积载率、车程,到成本计算等。利用网络导入送货管理系统后,各部门可以直接在网络上查询配送路线、配送流程等信息,及时了解配送流程更改信息,简化了繁杂的联络手续。全家便利店物流配送中心从上午10:00开始处理门店订货,每项作业流程分秒必争,各流程紧密衔接串联,门店订货后,物流配送中心保证在24小时内将商品配送到门店,为顾客创造最大价值。

问题:图2.18所示是某市全家门店分布情况,O代表配送中心,A~J代表门店,请运用本项目相关知识描述全家便利店的配送路线策略选择。

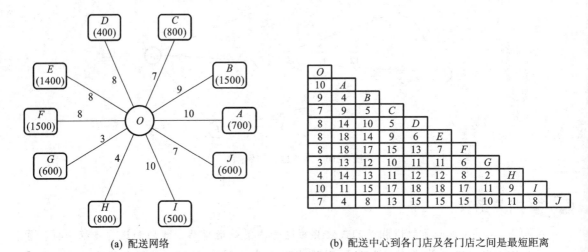

(a) 配送网络　　　　　　　　　　(b) 配送中心到各门店及各门店之间是最短距离

图 2.18 某市全家便利店门店分布情况

【任务思考】

1.配送路线目标如何确定?

2.配送路线如何优化?
3.配送路线的策略选择有哪些?

任务三　物流配送服务商的选择

任务引入

物流客户的配送需求是指在一定时期内客户因经营需要而产生的对物在空间、时间和费用方面的需求,涉及订单处理、库存、运输、装卸搬运、流通加工以及与之相关的信息需求等配送活动的各方面。

配送需求包括量和质两个方面,即从配送规模和配送服务质量中综合反映出配送的总体需求。配送规模是配送活动中订单处理、库存、运输、装卸搬运、流通加工等配送作业量的总和,其中运输是配送过程中实现空间转换的中心环节。配送服务质量是配送服务效果的集中反映,可以用配送时间、配送费用、配送效率来衡量,其变化突出表现在降低配送时间、降低配送成本、提高配送效率等方面。

任务分析

【主要内容】企业在选择物流配送服务商时会采用服务质量比较法、配送价格比较法、综合选择法等。

一、服务质量比较法

客户在付出同等运费的情况下,总是希望得到更好的服务,因此,服务质量往往成为客户选择配送服务商的首要标准。

(一)配送质量

配送所体现的价值是把货物从一个地方配送到另一个地方,完成地理上的位移,而无需对货物本身进行任何加工。但如果配送保管不当,就会对货物的质量产生影响。因此,客户在选择配送服务商时会将其配送质量作为一个重要因素来考虑。客户通常从这几个方面来考虑:该配送公司提供的配送工具的完好状态;该配送公司所雇用的装卸公司的服务质量;该配送公司所雇用的从业人员的经验以及工作责任心;该配送公司的货物配送控制流程等。

(二)服务理念

随着各服务商配送质量的提高,客户对配送服务的要求也越来越高,于是客户在选择不同的服务商时还会考虑其他的服务理念,如配送的准班率、配送的时间间隔、配送的准确率、信息查询的方便程度、配送纠纷的处理及时性等。

由于配送技术以及配送工具的发展，目前，各配送服务商之间的配送质量差异正在缩小。为了吸引客户，服务商不断地更新服务理念，以求与其他服务商有服务差异，实现服务个性化，为客户提供高附加值的服务，从而稳定自己的市场份额，增强自身的竞争力。这也就为客户选择不同的服务商提供了更多的空间，客户可以根据自己的需求确定选择目标。

二、配送价格比较法

各配送服务商为了稳定自己的市场份额，都会努力提高服务质量。随着竞争的日趋激烈，对于某些货物来说，不同的配送服务商所提供的服务质量已近乎相同，因此，配送价格很容易成为各服务商的最后手段。于是，客户在面对几乎相同的服务质量时，或有些客户对服务质量要求不高时，配送价格就成为另一个重要的决策因素。

三、综合选择法

当然，在选择配送服务商时，更多的客户会同时考虑多个因素，如同时考虑服务质量和配送价格，以及服务商的品牌、服务商的经济实力、服务商的服务网点数量等。用公式来表示，得到

$$S = \frac{K_1 Q}{K_2 P} + K_3 B + K_4 C + K_5 N + \cdots + K_n O$$

式中：S——综合因素；

K_n——不同因素的权数，$n=1,2,3,\cdots$；

Q——服务质量因素；

P——配送价格；

B——配送服务商的品牌因素；

C——配送服务商的总资产状况因素；

N——配送服务商的网点数；

O——其他因素。

客户可以根据自己的需求，调整不同因素的权数，然后做出决策。

相关链接

从配送行业角度对配送服务商进行分类如下。

1. 传统运输业（B2B）。

传统运输业从机能上来说，它是单纯货物运输，它的运输功能仅止于B2B。

2. 路线运输业（B2B、B2C）。

路线货运的功能是定时发车，货品经收集、发送、转运等方式送达目的地，因此货品在收、发、转运的作业过程中，易于损坏；而司机均为标准作业，无法弹性提供额外服务。

3. 专业物流配送业（B2B、B2C）。

专业物流配送，是指车队受过专业配送实习，将配送作业程序标准化，并严格服从司机管理及专业的调度，能充分配合使用者的需求。它不同于传统的运输车队，亦不同于路线货运。

4. 快递业（B2C、C2C）。

快递业是沿袭邮局的做法，将货主零星货品于各城镇以小货车收集后，以定期、定时发车方式，将货品分送至目的地，以高效率为宗旨。

5.宅配业(B2C、C2C)。

宅配业强调的是量少。宅配业的兴起,改变了人们的消费习惯及行为模式。企业厂商可了解各种运输形态的特性来选择适当的运输从业者。

思考与练习

【实训练习】

近些年,电子商务行业算得上是"热火朝天",一方面促进快递、物流行业高速发展,另一方面突显"最后一公里"同城配送业务的欠缺。成都市场调查结果显示:目前成都同城配送企业极其不足,大多物流企业均以 A 城市到 B 城市的货运运输服务为主。他们认为,同城配送业务针对城市内的配送,其收益不及城际货运业务。因此,专注于同城配送的企业可谓少之又少,即使有,也是作为其长途货运运输的一项增值服务。物流企业即使有这类业务,由于市区"入城证"的限制,也倾向于将业务转包给第三方个人。在成都,除了蚂蚁物流专注于同城配送业务之外,再想找另一家同样专注于同城配送业务的企业非常困难。同城配送行业的特点是运输距离短,配送时间因道路拥堵、交通管制等原因很难做出准确预估,无法保证送货效率,而送货效率是企业收益的重要影响因素。大型货运车辆在没有市区"入城证"的情况下白天不得入城,还不得是超长货车,这样就使得其运输成本提高。

问题:为什么客户很难直接寻得一家中意的大中型同城配送企业?

【任务思考】

1.请描述一下物流配送服务商选择方法路径。
2.向同学们介绍一家你熟悉的物流配送服务商。

任务四 连锁企业物流配送中心地址的选择

任务引入

配送中心是现代物流的重要组成部分,其上游是制造商,下游是用户。它在整个物流系统中起着承上启下的作用。选择合理的配送中心地址可以有效地节约费用,促进生产和消费两种流量的协调与配合,保证物流系统高效平衡地发展。

配送中心的选址直接影响配送中心各项活动的成本,同时也关系配送中心的正常运作和发展,因此,配送中心的选址和布局必须在充分调查分析的基础上综合考虑自身经营的特点、商品特性及交通状况等因素。

任务分析

【主要内容】物流配送中心地址的选择包括配送中心的类型、设立时机、类型选择和选址考虑因素等。

一、配送中心的类型

(一)按配送中心的设立者分类

(1)制造商型配送中心;

(2)批发商型配送中心;

(3)零售商型配送中心;

(4)专业物流配送中心。

(二)按配送中心的营运主体分类

(1)自用型配送中心;

(2)公用型配送中心,如美国50%仓库和配送中心由3PL经营;

(3)公共配送中心。

(三)按配送范围分类

(1)城市配送中心;

(2)区域配送中心,如加拿大大都会公司食品配送中心;

(3)国际配送中心,如荷兰国际配送中心。

(四)按配送中心的功能分类

(1)储存型配送中心;

(2)流通型配送中心,如日本全日食连锁店配送中心,其特点是每天9:30前将所有货物配送到各店铺,9:30后仓库是整洁、空荡的;

(3)加工型配送中心。

(五)按配送货物的属性分类

(1)食品配送中心;

(2)日用品配送中心;

(3)医药品配送中心;

(4)化妆品配送中心;

(5)家电配送中心;

(6)电子产品配送中心;

(7)书籍配送中心;

(8)服饰配送中心;

(9)汽车零配件配送中心;

(10)生鲜配送中心。

(六)按配送中心的自动化程度分类

(1)人力化配送中心;

(2)计算机管理配送中心;

(3)自动化、信息化配送中心;

(4)整合化、智能化配送中心。

二、配送中心的设立时机

企业不一定自建配送中心,但必须有配送中心。我国连锁企业的配送中心建设宜走"共同配送、社会配送、自行配送"渐进之路。

(1)连锁便利店:如果有 20 个分店、总面积达 4000 m^2,可以建立配送中心。
(2)连锁超市:如果有 10 个分店、总面积达 5000 m^2,可以建立配送中心。
(3)连锁特级市场:开店的同时宜筹建配套的配送体系。

三、配送中心的类型选择

(1)首先,确定建立何种功能的配送中心(功能选择);
(2)其次,确定配送何种商品(商品选择);
(3)最后,决定辐射多大的范围与区域(范围选择)。

四、配送中心的选址考虑因素

(一)交通运输条件

配送中心地址应选择在交通运输枢纽附近,以保证配送服务的及时性、准确性。

(二)用地条件

配送中心建设须占用大量的土地资源,要充分考虑并落实土地的来源、地价、土地的利用程度等。

(三)门店(顾客)分布情况

选择配送中心地址前,应准确掌握配送中心现有服务对象的分布情况以及未来一段时间内的发展变化情况,因为门店(顾客)分布状况的改变、配送商品数量的改变及门店(顾客)对配送服务要求的改变都会对配送中心的经营和管理产生影响。

(四)政策法规条件

掌握政府对配送中心建设的法律法规要求,明确哪些地区不允许建设配送中心、哪些地区享有政府优惠政策等。

(五)附属设施条件

配送中心周围的服务设施也是考虑的因素之一,如外部信息网络技术条件、水电及通信等辅助设施、北方地区的供暖保温设施等。

(六)其他因素

不同类别的配送中心对选址的需要是不同的。如有些配送中心所保管的商品要有保温设施、冷冻设施、危险品设施等,这些对选址的特殊要求都需要考虑。

五、我国商业配送中心发展的问题及对策

(一)问题

我国商业配送中心发展目前存在以下问题:
(1)采购规模受企业规模影响,采购成本很难降低;

(2)总体配送比率较低,商业连锁优势未能充分发挥;
(3)系统化的配送技巧不足,影响配送效率;
(4)现代化程度低、信息化水平不高。

(二)对策

针对以上问题,可采取如下对策:
(1)加快现代物流基础设施建设,提高整体物流配送能力;
(2)大力推进"共同配送中心"的发展;
(3)鼓励大型商业企业进行强强联合,或资产重组,推进自建配送中心的发展;
(4)在商业物流领域加大外资引进力度,提升商业物流配送的国际化水平;
(5)更新传统观念,为我国商业物流配送中心发展提供人才保障;
(6)在大力发展第三方物流的同时,积极推动第四方物流的发展。

相关链接

现代饭店的鼻祖斯塔特勒在总结成功经验时有一句至理名言——"第一是地点,第二是地点,第三还是地点。"连锁经营企业配送中心选址也是如此,配送中心的正确选址不仅是其成功的先决条件,也是其实现经营标准化、简单化、专业化的前提条件和基础。

思考与练习

【实训练习】

小李想加盟"台湾手抓饼连锁店",投资1.5万左右,属于小吃美食类的连锁经营活动。小李所在的城市是一座沿海中型城市,该城市已经有一家同样的连锁店。小李面临的首要问题是店面的地址选择,小李比较看好一间在一所重点大学旁的店面,这所学校大概有6 000名学生,且学校对面是一个大型小区,只是小区住户的人均收入不乐观,周围也有一些兜售零食的小摊小贩。

问题:小李这样的选址是否合适?是否马上要建立配送中心?如果不合适,那在店面的选择方面应该注意哪些因素?

要求:班级分成四个小组,选出组长,分组完成任务,组长负责安排代表发言,时间30 min。

【任务思考】

1. 简述配送中心的设立时机。
2. 简述配送中心的类型选择。
3. 简述配送中心的选址考虑因素有哪些?

项目小结

本项目从"物流配送模式的选择、物流配送路线的选择、物流配送服务商的选择、连锁企业物流配送中心地址的选择"四个方面介绍了连锁企业物流配送的策略选择,要求学会运用合理化策略,合理选择配送模式、配送路线、配送服务商、配送中心地址等。

项目3 连锁企业物流配送中心进货作业

  项目目标

1. 掌握备货作业。
2. 熟悉接货验收作业。
3. 能够进行搬运堆码作业操作。

任务一 备货作业

任务引入

从总体上看,配送是由备货、理货和送货三个基本环节组成的。备货是配送的基础工作,是配送中心根据客户的需要,为配送业务的顺利实施而从事的组织商品货源和进行商品储存的一系列活动。备货作业是指在接受订货指令、发出货票的同时,备货员按照发货清单在仓库内寻找、提取所需货品的作业。

任务分析

【主要内容】备货作业包括备货的作用、内容、方式等。

一、备货作业的作用

(一)备货可使配送中心的配送活动得以顺利开展

作为配送中心实施经营活动的基础,备货作业是配送中心各项具体业务活动的第一步。任何配送活动,如果没有相应的货物做保证,再科学的管理方法、再先进的配送设施,也无法完成配送任务,配送也变得没有任何意义,可谓"巧妇难为无米之炊"。作为"炊中之米",备货业务开展的好坏,直接影响配送活动和其他后续活动的开展。如果备货人员拥有各类商品的供货信息,熟悉各种供货商的供货能力、供货成本、供货时间,能够及时地按照客户的订单组织货源,根据企业的需求补充库存,就可使企业的配送业务顺利地开展下去,通过良好的配送服务赢得客户的认可,获得良好的企业信誉,为企业的进一步发展打下基础。

(二)备货可以使社会库存结构合理、降低社会总成本

生产企业的原材料、零部件及产成品由配送中心统一提供,可使生产企业用于购买原材料、零部件及进行销售的资金有所减少,进而降低企业的生产总成本,使企业的产品在市场上更具有竞争力。同时企业不需要投入过多的人力、物力用于原料的购进和产成品的储运,企业可以拥有更多的生产能力和市场销售能力,可以生产出更多更好的产品销售到更广泛的地区。

配送中心的出现,为企业的发展创造了更大的空间,使"零库存"成为可能。但订单的多少,与企业的备货能力直接相关。企业备货能力强,能够根据市场的需要、客户的要求,及时、准确、保质、保量地将产品安全地配送到指定地点,就会赢得客户、赢得市场,同时也使自己获得利益。

(三)备货可使配送中心节约库存空间、减少配送成本、增加经济效益

通过科学的备货方式,配送中心可以确定适当的库存商品数量、合理的库存结构。在减少不必要库存占用的前提下,降低库存成本是降低产品的配送成本的重要举措。与此同时,由于调整了库存结构,剔除了不合理的库存占用,企业便拥有了扩大业务的空间;新业务的增加,又增强了企业适应市场变化的能力,从而提高了企业的整体经济效益。

二、备货作业的内容

作为配送活动的准备环节,备货作业包括两个基本内容,即组织货源和储存货物。

(一)组织货源

组织货源又称为筹集货物或采购货物,是配送中心开展后续配送业务活动的龙头。组织货源包括以下步骤。

1. 制订货源需求计划。

根据客户的配送需求,制订货源需求计划,包括货物的品种、数量、规格、进货时间等。

2. 选择供应商。

对供应商的资格、供应商的能力等进行评价,选择合适的供应商。

3. 发出采购订单。

供应商确定后,向供应商发出采购订单,签订购货合同。

4. 商品入库验收。

对供应商运达的货物进行验收,以确保购进产品的数量和质量。

5. 评价货源组织工作。

对整个货源组织工作进行评价,不断进行改进,同时与满足企业要求的供应商建立长期的联系。

影响配送中心组织货源的因素很多,包括配送中心的类型、规模,进货成本,购进产品的种类、产地、数量,以及具体备货人员的能力等。备货人员要不断适应经济发展的需要,不断更新

自己的理念,调整备货方式,为企业寻找合适的供应商,组织好货源。

(二)储存货物

储存货物是配送中心组织货源之后完成进货活动的延续,在配送中心,适量的库存可保证客户的需求,使配送工作得以顺利进行。配送中心的货物储存有两种表现形态。

1. 暂时储存形态。

暂时储存,即按照分配货作业的要求,在拣选场地储存少量的货物。

2. 储备形态。

储备,即按照一定时期配送活动的要求和货源到货周期有计划地储备商品。储备形态是配送持续运作的资源保证,其储备是否合理,直接影响配送的整体效果,通常要注意以下几个方面。

(1)合理的储存数量。合理的储存数量是指在一定的条件下,根据企业具体经营情况、为保证配送业务正常进行而制定的合理的储存标准。确定合理的储存数量要考虑客户的需求量、配送中心的条件、配送周期、配送过程的需要及配送企业的管理水平等因素的影响。

储存数量由经常储存和保险储存两部分构成,经常储存是配送中心为了满足日常配送需要的商品储存;保险储存是为了防止因商品需求变动而造成的商品脱销,保证连续不间断地配送而建立的储存。两种储存量的多少,要在考虑各种影响因素的基础上运用科学的方法计算得出。

(2)合理的储存结构。储存结构是指不同品种、规格的商品之间储存数量的比例关系。由于配送中心需要配送的商品品种多、数量大,特别是大型的综合配送中心,商品种类更是千差万别,客户对不同商品的需求量是不同的,并且各种需求在不断地变化。

(3)合理的储存时间。储存商品的目的是满足客户订货需要,因此,配送中心在确定商品合理的储存时间时要注意该种商品的生产周期和保质期,使商品既不能脱销断档,又能最大限度地减少商品的损耗,确保商品的质量。

(4)合理利用储存空间。合理利用商品储存的空间就是在仓库内合理地摆放商品。商品的摆放要有利于商品的配送,拥有较大库存的配送中心一般规模较大,经营品种较多,有条件的配送中心可以建立高架自动立体仓库,按不同类别、不同配送客户的需要设置多个出货点。在合理布置商品存放货架时,要注意为机械设备的作业留出足够的通道,还要保证仓库的安全空间。

在商品的储存期间,商品表面上处于静止状态,但从物理、化学及生物角度分析,商品内部是在不断变化的,这种变化可能影响商品的使用价值。同时,环境因素可能加速这种变化。因此,配送中心的管理人员要时刻注意储存场所温度、湿度等条件的变化,减少和防止外界不利因素的影响,延缓商品质量的变化,降低商品的损耗。

三、备货作业的方式

(一)与 MRP 系统相结合的备货方式

MRP(物资需求计划)系统是一种以物料需求计划为核心的生产管理系统。在为生产企业实施原材料、零部件配送时,配送中心可以针对其多品种、小批量的特点,利用资源共享的优势,将客户、配送中心及供应商组合成三位一体,运用 MRP 系统进行备货。在 MRP 系统中,针对物料需求在品种、数量和交货期等方面的细化要求所带来的管理复杂性,计算机信息管理系统被开发出来,配送中心可以利用这一系统,将客户的需求计划、供应商的供货信息和自己的配送计划集成起来,实行同步一次性生成采购计划。当需求有变化时,只要将相关数据输入计算机管理系统,经过系统运算,就可重新编排采购计划。以下是运用MRP系统备货的主要步骤。

1. 商品查询。

打开MRP系统,通过商品快速分类查询,配送中心对每件商品,按需用的额度,保持一定批量以争取优惠,确定采购商品种类和数量。

2. 编制计划。

编制可以延续到未来任意时期的周密计划,既可以按需采购,又可以保证足够的采购提前期和采购预算,防止因突发性采购而增加额外的采购费用。

3. 控制采购权限,规范采购管理。

在系统中设置每一个采购员的采购范围和支付权限,规定超过限额的审批层次和权限内容。

4. 控制库存量。

对每一种商品规定最大储存量和最长储存期限,超过最大值时,系统将发出提示信号。

5. 建立供应商文件认证目标,以保证购进商品的质量。

对没有建立相关文件的供应商,系统将拒绝向其采购。

6. 提供查询途径。

通过提供多种查询途径(如采购单号、供应商编号)跟踪采购订单以及采购合同的执行情况。

7. 控制付款程序。

付款前,系统将自动进行一系列对比,如商品性能、合格数量、交货日期与采购单是否一致,报价单与发票金额是否一致,各项相符后才能执行支付程序。

运用MRP系统进行备货,可以使配送中心简化采购计划和调配,形成批量采购,简化运输管理,减少库存,降低配送成本,提高整体配送效率。

(二)以JIT方式为主的备货方式

JIT(just in time)的理念是"在恰当的时候,把恰当的商品以恰当的质量、恰当的数量送到恰当的地点"。体现在生产上就是准时进货、准时生产、准时销售;体现在配送中就是准时进货、准时配货、准时送货。恰时恰量的准时进货是JIT方式的关键,如果进货太多太早,就会增加企业库存,提高库存成本,降低企业效益;而进货太迟太少,又会影响生产和配送进程,同样也会影响企业效益。利用JIT方式进行备货,一方面可以保证各种商品订货量的准确性及相应的产品质量;另一方面可使企业得到准确和及时的批量运输。以下是实施JIT方式备货的主要步骤。

1. 实施看板管理。

所谓"看板"就是一种用来传递信息或指令的卡片,应用于配送过程的各个环节,是控制各环节的生产数量、生产时间、生产进程的一种凭证。看板管理是将看板作为生产指令、取货指令、运输指令,用以控制生产量和调节生产计划的一种管理方法。它是在生产过程中,由下道工序(要货单位)根据看板卡片规定的品种、数量和时间,到上道工序(供货单位)领取原材料或物品,确保各环节准时、合理、协调地进行生产的一种控制方法。

看板管理的特点是,把传统工序中由前工序向后工序送货制,改为后工序向前工序取货制,去掉了各环节中不必要的商品储存,达到了准时化生产的要求,减少了资金占用,提高了生产效益。

2. 获取信息,进行订货。

配送中心的订货人员通过JIT独特的看板信号系统获得需求信息后,再利用供应链关系的信息共享系统与供应商及时交换所采购商品的供应信息,及时确定采购量,进行网上采购。

3.确定需求数量。

备货人员利用与供应商建立的一种即时采购和即时供应的利益关系,保证所需商品数量的正确性。

4.确定进货时间。

确定进货时间就是根据客户不同的要货时间,备货人员规定供应商将货物运抵配送中心的具体时间。

配送中心的备货方式还包括定量、定期、经济批量订购等传统方式。这些方式虽然是就配送所需而采购,但是采购的终点是静止的库存。其采购费用的降低是以库存费用的增加为代价的,采购的订货量与库存水平密切相关,配送中心在选择备货方式时可结合库存理论中的订购内容来考虑。

相关链接

配送中心接到客户的订单后,必须拥有相应的足够的商品保证配送,包括具体的商品品种、商品等级、水平规格及商品数量。若配送中心是大型或综合型的"存货式配送",可以利用现有的商品满足客户的需要,及时按客户订单进行配送;但如果配送中心是小型的"订单式配送",就必须立即组织备货人员联系供货商,组织客户所需要的货源。虽然各配送中心组织货源的方式不同,但各类配送中心的备货人员都必须掌握全面的商品专业知识和采购信息,熟悉各类商品的供货渠道和供货最佳时间,在进货指令下达后,能够及时购进或补充客户所需要的商品,保证配送的按时完成。实施"存货式配送"的配送中心,其备货作业还需要备货人员掌握相应的货物存储专业知识,更好地养护与保管存储的商品,保证储存商品的在库质量,同时运用科学的库存管理知识,监测各类库存商品的数量,及时提出补充货源的建议,做到仓库商品先进先出,随进随出,既不过量存储商品,又能保证配送的正常进行。

思考与练习

【实训练习】

认真观察备货作业管理工作流程(见图 3.1),然后进行分组描述。班级分成四个小组,选出每个小组的组长,分组完成任务,组长负责安排学生代表发言,时间 30 min。

评价标准(100 分):

1.吐字清晰(25 分);

2.举止大方(25 分);

3.表达准确(25 分);

4.结构严谨(25 分)。

【任务思考】

1.备货作业的作用有哪些?

2.备货作业的内容有哪些?

3.备货作业的方式有哪些?

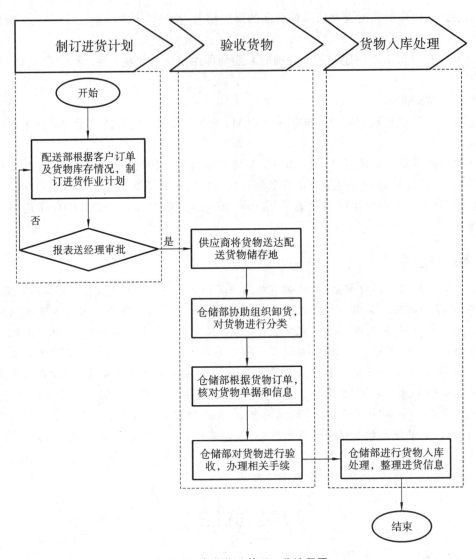

图 3.1　备货作业管理工作流程图

任务二　接货验收作业

任务引入

接货验收是配送作业一项重要的工作。学生学习接货验收的专业知识和操作技能对系统地学习配送管理非常有必要。

接货验收是商品入库作业中的一个环节,凡进入仓库储存的商品必须经过验收,只有通过验收的商品才能入库保管。这种必要性体现在两个方面:一方面是各种到库商品来源复杂,渠道繁多,从结束其生产过程到进入仓库前的一系列储运环节,均受到储运质量和其他各种外界因素的影响,质量和数量可能发生了某种程度的变化;另一方面,尽管各类商品在出厂前进行了检验,但也会出现错检或漏检的情况,使一些不合格商品按合格商品交货。

【主要内容】接货验收作业包括接货和验收两项作业。

一、接货作业

(一)接货的形式

由于货物到达仓库的形式不同,除了一小部分货物由供货单位直接运到仓库交货外,大部分货物要经过铁路运输、公路运输、海运、空运等方式转运。凡经过交通运输部门转运的货物,均需经过仓库接运后,才能进行入库验收,因此,货物接运是接货验收作业的第一道业务流程。货物接运的主要任务是及时而准确地向交通运输部门提取入库货物,要求手续清楚、责任分明,为仓库验收工作创造有利条件。货物接运工作是配送中心业务活动的开始,是商品入库和保管的前提,接运工作的好坏直接影响商品的验收和入库后的保管保养。因此,在接运由交通运输部门转运的货物时,必须认真检查,分清责任,取得必要的证件,避免将一些在运输过程中或运输前就已经损坏的商品带入仓库,以免造成验收工作的责任纠纷,降低保管工作的困难或损失。由于货物接运工作直接与交通运输部门接触,所以做好货物接运工作还需要熟悉交通运输部门的要求和制度。例如,发货人与交通运输部门交接关系和责任的划分,铁路运输、海运或空运等部门在运输中应负的责任,收货人的责任,铁路或其他运输部门编制普通记录和商务记录的范围,以及向交通运输部门索赔的手续和必要的证件等,都是货物接运工作人员应熟知的内容。

在进货过程中,配送中心应依据仓储合同、储存订单、进货因素及配合存储作业,掌握商品到达的时间、品类、数量及具体的到货方式,尽可能准确预测出到货时间,以尽早做出卸货、储存等方面的计划和安排。

货物接运形式主要有以下几种。

1. 库内接货。

供货方将物料运至仓库,首先要核对单证,核对无误后对物料进行当面验收并做好记录。若有差错,应填写记录,由相关人员签字证明,据此向有关部门提出索赔。核对单证按下列四个方面的内容进行。

(1)审核验收依据,包括业务主管部门或采购部门提供的入库通知单、订货合同或订货协议书。

(2)核对供货方提供的验收凭证是否齐全,包括发票、质量保证书、发货明细表、装箱单、磅码单、说明书、保修卡及合格证等。

(3)检查物料和包装容器上是否贴有物料标签,标签上是否注明物料品名、物料编码、生产日期、生产厂家和数量等内容。

(4)核对供货方所交物料是不是订单所列物料、品种、规格;数量是否相符,要求不能多交,也不能少交;是否有超交或不按期交货的现象。

核对凭证就是将上述凭证加以整理,全面核对。入库通知单、订货合同要与供货方提供的所有凭证逐一核对,要严格做到"五不收":

①凭证手续不全不收;

②品种规格不符不收;

③品质不符合要求不收;

④无计划不收;

⑤逾期不收。

相符后才可以进行下一步的检验工作。

2. 车站、码头接货。

(1)提货人员对所提取的商品应了解其品名、规格、特性和一般保管知识、装卸搬运注意事项等。在提货前,提货人员应做好接运货物的准备工作,例如准备好装卸运输工具,腾出存放商品的场地等。在到货前,提货人员应主动了解到货时间和交货情况,根据到货的多少,组织装卸机具、人员和车辆,按时前往提货。

(2)提货时,提货人员应根据运单以及有关资料详细核对品名、规格、数量,并要注意商品外观,查看包装、封印是否完好,有无玷污、受潮、水渍、油渍等。若有疑点或货物与货单不符,应当要求运输部门检查。对短缺损坏情况,凡属运输部门方面责任的,应做出商务记录;属于其他方面责任的,需要运输部门证明并应做出普通记录,由运输员签字,注意按实际情况记录。

(3)在短途运输中,要做到不混不乱,避免碰坏损失。危险品应按照危险品搬运规定办理。

(4)物料到库后,提货人员应与保管人员密切配合,尽量做到提货、运输、验收、入库、堆码一条龙作业,从而缩短入库验收时间,并办理内部交接手续。

3. 专用线接车。

(1)接到专用线到货通知后,应立即确定卸货货位。力求缩短场内搬运距离,组织好卸车需要的机具、人员以及有关资料,做好卸车准备。

(2)车皮到达后,引导对位,进行检查。检查车皮封闭情况是否良好,如车门、车窗、铅封、苫布等有无异状;根据运单和有关资料核对到货品名、规格、标志并清点件数;检查包装有无散包或是否有损坏;检查是否有进水、受潮或其他损坏现象。在检查中如发现异常情况,应请运输部门派员复查,做出普通或商务记录,记录内容应与实际情况相符,以便交涉。

(3)卸车时要注意为商品验收和入库保管提供便利条件,分清车号、品名、规格,不混不乱;保证包装完好,没有碰坏和压伤,更不得自行打开包装。应根据商品的性质合理堆放,以免混淆。卸车后在商品上应标明车号和卸车日期。

(4)编制卸车记录。记明卸车货位规格、数量,连同有关证件和资料,尽快向保管人员交代清楚,办好内部交接手续。

4. 仓库自行接货。

(1)仓库受货主委托直接到供货单位提货时,应将这种接货与验收工作结合起来同时进行。

(2)仓库应根据提货通知,了解所提货物的性能、规格、数量,准备好提货所需的机具、人员,在供方当场检验质量、清点数量,并做好验收记录,将接货与验收合并一次完成。

(二)接货人员应该注意的问题

1. 检查货物的保质期是否临近或过期。
2. 检查货单上货物的数量是否与实际数量一致。
3. 检查货物的内外包装是否完好,注意易碎货物内部的质量(如蛋卷筒),以及货物是否有缺失。

如有以上问题应及时与相关人员联系,如没有问题则应及时把接货单据交给相关人员,并记录好生产日期。

(三)收货管理的具体要求

要认真检查入库物资,确保数量准确,规格质量符合要求,包装完整无损,货物与单据相符;要手续简便,操作敏捷,有条不紊,入库迅速,及时入账;认真检查监督运输部门应尽责任的执行情况,以便分清企业与供货单位、仓库与运输部门之间的责任。收货管理是指仓库对入库物资,按一定的程序和手续,进行接运、收货、验收和办理入库手续等工作。

二、验收作业

(一)验收入库的基本要求

货物入库验收可以分为数量检验和质量检验。验收作业一定要谨记八个字:及时、准确、严格、经济。这八个字是仓储管理中验收入库的基本原则,需要在验收过程中严格贯彻。

(二)商品验收三个作业环节

1. 验收准备。

仓库接到到货通知后,应根据到货商品的特性做好验收前的准备工作,验收准备是做好整个验收工作的前提。

(1)人员准备。安排好负责验收工作的检验人员,对于技术特性复杂的商品,要及时和用货单位的专业技术人员进行有效沟通。

(2)文件准备。准备好待验商品的有关文件,如技术标准、订购合同等。

(3)器具准备。准备好验收用的检验工具,如衡器、量具等,并校验正确。

(4)防护准备。对特殊商品的验收,如对毒害品、腐蚀品、放射品等的检验,需要事先准备相应的防护用品。

2. 核对凭证。

入库商品必须具备下列凭证。

(1)入库通知单和订货合同副本,这是仓库接受商品的凭证。

(2)供货单位提供的材质证明书、装箱单、磅码单、发货明细表等。

(3)商品承运单位提供的运单,若商品在入库前发现残损情况,还要有承运单位提供的货运记录,以作为向责任方交涉的依据。

核对凭证,也就是将上述凭证加以整理,全面核对。入库通知单、订货合同要与供货单位提供的所有凭证逐一核对,相符后,才可以进行下一步实物检验。

3. 实物检验。

实物检验就是根据入库单等相关凭证对商品进行数量和质量检验。

(1)确定抽检比例。在业务量比较大的仓储企业,到库商品通常是整批、连续到货,而且品种、规格复杂,在有限的时间内不可能逐件查看,这就需要确定一个合理的抽查比例。验收抽查比例的大小,一般根据商品的特性、商品价值的大小、供应商信誉、物流环境等因素确定。

(2)数量检验。数量检验是保证入库商品数量准确的重要步骤,依据入库单等有关凭证,按商品的品名、规格、等级、产地等,进行核对,以确保入库商品数量准确无误。数量检验可分为三种形式:

①计件检验。针对按件数供货或以件数为计量单位的商品,一般采取件数清点的数量检验形式,即计件检验。一般情况下,计件商品应逐一点清。实际应用时可采用标记计件、分批清点和定额装载三种方法。标记计件是在清点大批量商品入库时,每一定件数的商品做一标记,待全部清点完毕,再按标记计算总的数量;分批清点是对包装规整、批量不大的商品进行入库时,将商品按行、列或层堆码,每行、列或层堆码的件数相同,清点完毕后,再统一计数;定额装载的方法主要用来清点包装规整、批量大的商品,可以用托盘、平板车等装载工具实行定额装载,最后计算入库商品的件数。

②检斤。针对按重量供货或以重量为计量单位的商品,一般采取称重的数量检验形式,即检斤。对金属材料、某些化工产品多半采取检斤验收形式。按理论换算重量供应的商品,先要通过检尺,例如金属材料中的板材、型材等,然后,按规定的换算方法换算成重量验收。对于进口商品,原则上要求全部检斤,但如果订货合同规定按理论换算重量交货,则按合同规定办理。所有检斤的商品,都应详细填写磅码单。

③检尺求积。检尺求积是对以平方或体积为计量单位的商品,先检尺后求积所做的数量验收。例如对木材、竹子、玻璃等商品的验收,需要进行检尺计算,以求出面积或体积。

(3)质量检验。质量检验包括外观检验、尺寸精度检验、理化检验三种形式。仓库一般只做外观检验和尺寸精度检验,理化检验则由仓库检验技术人员取样,委托专门检验机构或用货方技术人员进行检验。

①外观检验。外观检验又称感官检验,检验人员利用感觉器官,如视觉、听觉、触觉、嗅觉和味觉等,检验商品外包装的完整程度、牢固程度,检查商品有无损伤,是否被雨、雪、油污等污染,有无潮湿、霉腐、生虫。商品的外观检验简便易行,大大简化了仓库的质量验收工作,节省了大量的人力、物力和时间,广泛应用于检验商品的外观和表面特征。但外观检验易受检验人员的经验、检验环境、生理状态等因素的影响,主观性太强,且无统一的检验标准,须引起重视。

②尺寸精度检验。对于需要进行尺寸精度检验的商品,如金属材料中型材的直径和圆度、管材的壁厚和内径等,仓库的检验技术人员需要进行尺寸精度检验。由于尺寸精度检验是一项技术性强且费时的工作,实际工作中可根据商品价值的大小、供应商的信誉等进行抽检。

③理化检验。理化检验又称仪器检验,是借助各种试剂、仪器和设备对商品的内在质量和物理化学性质进行的检验。商品内在质量的检验对技术知识和检验手段有一定的要求,所以一般由专门的技术检验部门进行检验。

(三)商品验收中问题的处理

仓库到货商品来源复杂,涉及商品生产、采购、运输等多个作业环节,不可避免地会出现诸如证件不齐、数量短缺、质量不符合要求等问题。因此,在进货验收过程中,要求验收人员认真细致,区别不同的情况,及时进行处理。

1. 质量检验问题的处理。

验收过程中,凡发现质量不符合验收规定的情况,应及时向供货单位办理退货、换货交涉,以征得供货单位同意代为修理,或在不影响使用前提下降价处理。商品规格不符或错发时,应先将规格对的予以入库,对规格不对的商品做好验收记录交给相应部门办理换货。

2. 数量检验问题的处理。

数量短缺或溢余在规定范围内的,可按原数入账。凡超过规定范围的,应查对核实,做好验收记录和磅码单交主管部门向供货单位办理交涉。对于数量溢余较大的情况,可选择退回商品或补发货款;对于数量短缺较大的情况,可选择按实数签收并及时通知供应商补货。

3. 验收凭证问题的处理。

验收凭证问题主要是指验收需要的证件未到或证件不齐全。在验收过程中遇到此类问题时,要及时向供应商索取证件,到库商品应作为待检验品堆放在待验区,待证件到齐后再进行验收。证件未到之前,不能验收,不能入库,更不能发货。

4. 证物不符问题的处理。

验收过程中发现验收单证与实物不符时,应把到库商品置于待检区,并及时与供应商交涉,可以采取拒绝收货、改单签收或退单、退货的方式解决。

此外,处理在验收过程中出现的问题时应做到:

(1)在商品入库凭证未到或未齐之前不得正式验收;

(2)发现商品数量或质量不符合规定,要会同有关人员当场做出详细记录,交接双方必须在记录上签字;

(3)在数量验收中,计件商品应及时验收,发现问题要按规定的手续、在规定的期限内向有关部门提出索赔要求。

相关链接

由于入库货物来源渠道很多,运输质量、包装条件不一,因此所有到库货物必须在入库前进行验收,只有检验合格后方能正式入库。货物的验收工作,包括"品质的检验"和"数量的点收"双重任务。验收工作的进行,有两种不同的情形:第一种情形是先行点收数量,后通知负责检验单位办理检验工作;第二种情形是先由检验部门检验品质,认为完全合格后,通知仓储部门办理收货手续,填写收货单和验收记录单。

(1)车辆到达后,验收人员负责记录车号、集装箱号,应注意检查封、锁是否完好,如发现异常,应及时与供货方联系,填好残损单。

(2)验收人员安排机具及人力卸车。卸车时,验收人员应按送货司机提供的送货单或供货方提供的收货清单分品种、分规格、按要求码放。如发现受损商品,要单独码放。

(3)卸车完毕,验收员在送货单上签署实收情况(商品的数量和质量等),并留存一联作为交涉凭证,明确责任。

(4)无送货单及收货清单时,验收员应按实际商品的数量和质量进行接收码放,并填写记录,双方认可签字。

(5)要求严格遵守岗位职责,一丝不苟;规范、认真、熟练填写各种单据;文明操作,注意安全。

思考与练习

【实训练习】

业务背景:

1. 德国进口新车的订货合同副本不见了,其他的证件都齐全。

2. 德国进口车供货方提供的质量证书与存货单位的进库单不一致。

3. 东北大米的所有证件都齐全,但是原先要求是早上9:00到库,到12:00这批东北大米还没有送到。

4. 在东北大米的数量检验中,我们抽验10 000斤大米的5%(即500斤),而实际的重量只有440斤,每袋(50斤装)平均只有44斤,超过了允许的磅差。

5. 德国两辆进口车分别为奥迪S5敞篷和奔驰G500,采用铁路运输方式送达。但是实际到库的车辆为奥迪S5敞篷和宝马5系GT。

请你提出货物入库解决措施并填写验收单。

验收记录单

供货商		订单号		验收员	
运单号				验收日期	
运货日期		到货日期		复核员(日期)	
序号	储位号	货物名称	货物规格型号	货物编码	包装单位
检验数量		不良数		不良率	%
综合判定	允收:			拒收:	

【任务思考】

1. 关于商品验收入库中发生问题的处理,下列说法错误的是( )。

A. 一批木材到库,仓管人员没有收到入库通知单,让该批木材安置在待验区

B. 12箱鸡蛋在质量检查的时候发现半数鸡蛋已经变质,验收人员要求将鸡蛋放在待处理区不得动用,通知存货单位,由存货单位交涉解决

C. 100台惠普笔记本质检的时候发现型号出错,到库的是比入库通知单上标明的型号更贵的市场最新型号,仓管员将其验收入库

D. 1000双优质皮鞋预定在下午3:00到库,没有准时运到,仓管人员打电话联系供货单位,询问原因并催促产品到库

2. 请说明如何对以下货物进行验收。

(1) 标准薄钢板;

(2) 带条码的标准箱装牙膏,每箱100支,每托盘可堆放十箱;

(3) 一车纺织袋装的米,每袋30斤。

任务三　搬运堆码作业

任务引入

装卸搬运(简称搬运)活动所消耗的人力很多,所以搬运费用在物流成本中所占的比重也较高,因此,装卸搬运是决定物流费用的重要环节之一。

堆码是指根据物品的包装、外形、性质、特点、重量和数量,结合季节和气候情况,以及储存时间的长短,将物品按一定的规律码成各种形状的货垛。合理的堆码方式能保护产品及提高仓容的利用率。

在物流过程中,搬运和堆码活动是不断出现和反复进行的,每次搬运堆码活动都要花费很长时间,往往成为决定物流速度的关键。从整个物流过程分析,搬运堆码系统在整个物流活动中具有重要的作用,物流的其他环节如运输、仓储、分拣及配送等都离不开搬运和堆码作业。配送中心搬运堆码系统的设计,应根据其服务对象、作业场所、设备使用情况以及配送业务量的多少,综合考虑搬运堆码系统的硬件、软件及工艺流程。

任务分析

【主要内容】搬运堆码作业包括装卸搬运作业、堆码作业等。

一、装卸搬运作业

(一)装卸搬运的概念

装卸搬运,简称为搬运,指在同一地域范围内(如车站范围、工厂范围、仓库内部等)改变"物"的空间位置、支承状态的活动。在特定场合,单称"装卸"或"搬运"也包含了"装卸搬运"的完整含义。在习惯使用中,物流领域(如铁路运输)常将装卸搬运这一整体活动称作"货物装卸";生产领域常将这一整体活动称作"物料搬运"。实际上,其活动内容都是一样的,只是领域不同而已。搬运的"运"与运输的"运",区别之处在于,搬运是在同一地域的小范围内发生的,而运输则是在较大范围内发生的。两者是量变到质变的关系,中间并无绝对的界限。

(二)装卸搬运的特点

(1)装卸搬运是附属性、伴生性的活动。
(2)装卸搬运是支持、保障性活动。
(3)装卸搬运是衔接性的活动。

(三)装卸搬运的分类

1.按装卸搬运施行的物流设施、设备对象分类。
以此可分为仓库装卸、铁路装卸、港口装卸、汽车装卸、飞机装卸等。

(1)仓库装卸配合出库、入库、维护保养等活动进行,并且以堆垛、上架、取货等操作为主。

(2)铁路装卸是对火车车厢的装进及卸出,特点是一次作业就实现一车厢的装进或卸出,很少有像仓库装卸时出现的整装零卸或零装整卸的情况。

(3)港口装卸包括码头前沿的装船,也包括后方的支持性装卸运,有的港口装卸还采用小船在码头与大船之间"过驳"的办法,因而其装卸的流程较为复杂,往往经过几次装卸及搬运作业才能实现船与陆地之间货物过渡的目的。

(4)汽车装卸一般一次装卸批量不大,由于汽车的灵活性,可以少用甚至减免搬运活动,而直接、单纯利用装卸作业达到车与物流设施之间货物过渡的目的。

2.按装卸搬运的机械及机械作业方式分类。

以此可分成使用吊车的吊上吊下方式,使用叉车的叉上叉下方式,使用半挂车或叉车的滚上滚下方式、移上移下方式及散装方式等。

(1)吊上吊下方式。采用各种起重机械从货物上部起吊,依靠起吊装置的垂直移动实现装卸,并在吊车运行或回转的范围内实现搬运,也可依靠搬运车辆实现小搬运。由于吊起及放下属于垂直运动,这种装卸方式属垂直装卸,如图3.2所示。

图3.2 装卸搬运吊装作业

(2)叉上叉下方式。采用叉车将货物从底部托起,并依靠叉车的运动进行货物位移,搬运完全靠叉车本身,货物可不经中途落地直接放置到目的处。这种方式属水平装卸方式。

(3)滚上滚下方式。滚上滚下方式主要用于港口装卸的一种水平装卸方式。利用叉车、半挂车或汽车承载货物,连同车辆一起开上船,到达目的地后再从船上开下,这种搬运方式称滚上滚下方式。利用叉车的滚上滚下方式,在船上卸货后,叉车必须离船;利用半挂车、平车或汽车的滚上滚下方式,则拖车将半挂车、平车拖拉至船上后,拖车开下离船而载货车辆连同货物一起被运到目的地,再原车开下或由拖车拖拉开下。滚上滚下方式需要有专门的船舶,对码头也有不同要求,这种专门的船舶称滚装船。

(4)移上移下方式。在两车之间(如火车及汽车)进行靠接,靠水平移动将货物从运货车辆上推移到另一车辆上,这种搬运方式称移上移下方式。移上移下方式需要使两种车辆水平靠接,因此,需对站台或车辆货台进行改变,并配合移动工具实现这种装卸。

(5)散装散卸方式,即对散装物进行装卸。一般从装点直到卸点,中间不再落地,这是一种集装卸与搬运于一体的装卸方式。

3.按装卸搬运的作业特点分类。

(1)连续装卸。连续装卸作业的特点是连续不断地进行作业,中间无停顿,货间无间隔。在装卸量较大、装卸对象固定、货物对象不易形成大包装的情况下宜采取这一方式。

(2)间歇装卸。间歇装卸作业有较强的机动性,装卸地点可在较大范围内变动,适用于货流不固定的各种货物,尤其适于包装货物、大件货物,散装货物也可采取此种方式。

4. 其他分类方式。

按被装物的主要运动形式,装卸搬运可分为垂直装卸、水平装卸两种形式;按装卸搬运对象分类,装卸搬运可分成散装货物装卸、单件货物装卸、集装货物装卸等。

(四)装卸搬运合理化

1. 防止和消除无效作业。

无效作业是指在装卸作业中超出必要的装卸、搬运量的作业。显然,防止和消除无效作业对提高装卸作业的经济效益有重要作用。为了有效地防止和消除无效作业,可从以下几个方面入手:

(1)尽量减少装卸次数。要使装卸次数降到最低,避免没有物流效果的装卸作业。

(2)提高被装卸物料的纯度。物料的纯度,指物料中含有水分、杂质及与物料本身使用无关的物质的多少。物料的纯度越高则装卸作业的有效程度越高。反之,则无效作业就会增多。

(3)包装要适宜。包装是物流中不可缺少的辅助作业手段。包装的轻型化、简单化、实用化会不同程度地减少作用于包装上的无效劳动。

(4)缩短搬运作业的距离。物料在装卸、搬运过程中,要实现水平和垂直两个方向的位移,选择最短路线完成这一活动,就可避免无效劳动。

2. 提高装卸搬运的灵活性。

装卸搬运的灵活性是指在装卸作业中对物料进行装卸作业的难易程度。在堆放货物时,事先要考虑物料装卸作业的灵活性。

根据物料所处的状态,即物料装卸、搬运的难易程度,装卸搬运的灵活性可分为不同的级别。

0级——物料杂乱地堆在地面上的状态。

1级——物料装箱或经捆扎后的状态。

2级——箱子或被捆扎后的物料,下面放有枕木或其他衬垫,以便于叉车或其他机械作业的状态。

3级——物料被放于台车上或用起重机吊钩钩住,能即刻移动的状态。

4级——被装卸搬运的物料已经被起动,即可直接作业的状态。

从理论上讲,灵活性指数越高越好,但也必须考虑实施的可能性。例如,物料在储存阶段中,灵活性指数为4的输送带和灵活性指数为3的车辆,在一般的仓库中很少被采用,这是因为大批量的物料不可能存放在输送带和车辆上。

3. 实现装卸作业的省力化。

装卸搬运的目的是使物料发生垂直或水平位移,必须通过做功才能实现,要尽力实现装卸作业的省力化。

在装卸作业中应尽可能地消除重力的不利影响。在有条件的情况下利用重力进行装卸,可减轻劳动强度和能量的消耗。将设有动力的小型输送带(板)斜放在货车、卡车或站台上进行装卸,使物料在倾斜的输送带(板)上移动,这种装卸作业就是靠重力的水平分力完成的。

重力式移动货架也是一种利用重力进行省力的装卸方式。重力式货架的每层格均有一定的倾斜度,物料利用货箱或托盘可自己沿着倾斜的货架层板滑到输送机械上。为了减小物料滑动的阻力,货架表面均处理得十分光滑,或者在货架层上装置滚轮,也有在物资的承重货箱或托盘下装置滚轮,这样将滑动摩擦变为滚动摩擦,物料移动时受到的阻力会更小。

4.合理组织设备,提高作业的机械化水平。

物资装卸搬运设备运用组织是以完成装卸任务为目的,并以提高装卸设备的使用率、装卸质量和降低装卸搬运作业成本为宗旨的技术组织活动。

随着生产力的发展,装卸搬运的机械化程度将不断提高。此外,装卸搬运的机械化能把工人从繁重的体力劳动中解放出来,尤其对于危险品的装卸作业,机械化能保证人和货物的安全。这也是装卸搬运机械化程度不断得以提高的动力。

5.推广组合化装卸搬运。

在装卸搬运作业过程中,从业人员根据物料的种类、性质、形状、重量的不同来确定不同的装卸作业方式。处理物料装卸搬运的方法有三种形式:逐个装卸普通包装的物料,叫作分块处理;将颗粒状物资不加小包装而原样装卸,叫作散装处理;将物料以托盘、集装箱、集装袋为单位进行组合后装卸,叫作集装处理。对于包装的物料,集装处理可实现单元化装卸搬运,便于实现机械化操作。组合化装卸具有很多优点:

(1)装卸单位大、作业效率高,可大量节约装卸作业时间。

(2)能提高物料装卸搬运的灵活性。

(3)操作单元大小一致,易于实现标准化。

(4)不用手去触及各种物料,可达到保护物料的效果。

二、堆码作业

堆码(stacking)是将物品整齐、规则地摆放成货垛的作业,可以有托盘,也可以无托盘。货物堆码设计的内容包括垛基、垛形、货垛参数。

(一)垛基

垛基是货垛的基础,其主要作用是:承受整个货垛的重量,将货物的垂直压力传递给地坪;将货物与地面隔离,起防水、防潮和通风的作用;垛基空间为搬运作业提供便利条件。因此,对垛基提出以下要求:

(1)将整垛货物的重量均匀地传递给地坪;

(2)保证货物能够良好地防潮和通风;

(3)保证垛基上存放的货物不发生变形。

(二)垛形

垛形是指货垛的外部轮廓形状。垛形的确定要依据物品的特性、保管的需要,并遵循实现作业方便、迅速和充分利用仓容的原则。仓库常见的垛形有:

1.平台垛。

平台垛是先在底层以同一个方向平铺摆放一层货物,然后垂直向上堆积,每层货物的件数、方向相同,垛顶呈平面,垛形呈长方体形状,如图3.3所示。

平台垛适用于包装规格单一的大批量货物,如包装规则货物、能够垂直叠放的方形箱装货物、大袋货物、规则的软袋成组货物、托盘成组货物。

平台垛具有整齐、便于清点、占地面积小、方便堆垛作业等优点。但该垛形的稳定性较差,特别是小包装、硬包装的货物有货垛端头倒塌的危险,因此在必要时(如太高、长期堆存、端头位于主要通道等)应在两端采取加固措施。对于堆放很高的轻质货物,往往在堆码到一定高度后,可以向内收半件货物后再向上堆码,从而使货垛更加稳固。

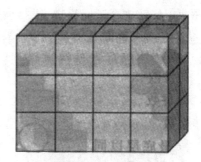

图 3.3 平台垛

2.起脊垛。

先按平台垛的方法码堆到一定的高度,以压缝的方式逐层收小,将顶部收尖成屋脊形。货垛表面的防雨遮盖从中间起向下倾斜,便于排泄雨水,防止货物打湿。

起脊垛是在平台垛基础上为了适应遮盖、排水的需要而做的变形,具有操作方便、占地面积小的优点,适用于平台垛码放的货物都可以采用起脊垛堆垛。由于起脊垛的顶部压缝收小,形状不规则,无法在堆垛后清点货物,因此顶部货物的清点需要在堆垛前以其他方式进行。另外,由于起脊的高度使货垛中间的压力大于两边,因而采用起脊垛时应以脊顶的高度来核算库场的承重能力,以免中间底层货物或货场被压损。

3.立体梯形垛。

立体梯形垛是在最底层以同一方向排放货物的基础上,向上逐层同方向减数压缝堆码,垛顶呈平面,整个货垛呈下大上小的立体梯形形状,如图 3.4 所示。

立体梯形垛适用于堆码包装松软的袋装货物和上层面非平面而无法垂直叠码的货物,如横放的桶装货物、卷形货物、捆包货物。

立体梯形垛极为稳固,可以堆放得较高,仓容利用率较高。露天堆放的货物可以采用立体梯形垛,为了排水需要也可以在顶部起脊。

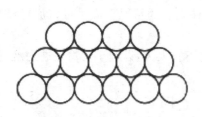

图 3.4 立体梯形垛

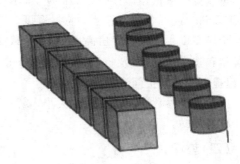

图 3.5 行列垛

4.行列垛。

行列垛(见图 3.5)将每批货物按件排成行或列,每行或列码一层或数层高。垛形呈长条形。行列垛适用于批量小的货物的码垛,如零担货物。为了避免混货,每批货物单独码放。长条形的货垛使每个货垛的端头都延伸到通道边,作业方便而且不受其他货物阻挡。但每垛货量较少,垛与垛之间都需留空,垛基小而不能堆高,因此占用较大的库场面积,库场利用率较低。

5.井形垛。

井形垛(见图 3.6)用于长形的钢材、钢管及木方的堆码。它是在一个方向铺放一层货物后,以垂直方向铺放第二层货物,货物横竖隔层交错逐层堆放。垛顶呈平面形状。井形垛垛形稳固,但每垛边上的货物可能滚落,需要捆绑或者收进。

图 3.6 井形垛

图 3.7 梅花垛

6. 梅花形垛。

对于需要直立存放的大型桶装物品,将第一排(列)货物排成单排(列),第二排(列)的每件靠在第一排(列)的两件之间卡位,第三排(列)同第一排(列)一样,此后每排(列)依次卡缝排放,形成梅花形垛,如图 3.7 所示。梅花形垛物品摆放紧凑,充分利用了货件之间的空隙,能有效利用库场面积。

(三)货垛参数

货垛参数指货垛的长、宽、高,及货垛的外形尺寸。

通常情况下要先确定货垛的长度,例如长形材料的定尺长度就是其货垛的长度,包装成件货物的垛长应为包装长度或宽度的整数倍。

货垛宽度应根据库存物品的性质、要求的保管条件、搬运方式、数量多少以及收发制度等确定,多以两个或五个单位包装为货垛宽度。

货垛高度主要根据库房高度、地坪承载能力、货物本身和包装物的耐压能力、装卸搬运设备的类型和技术性能,以及货物的理化性质等来确定。在条件允许的情况下应尽量增加货垛高度,以提高仓库的空间利用率。

以上三个参数决定了货垛的大小,要注意的是每个货垛不宜太大,以利于货物先进先出,加速货位的周转。

(四)垫垛

垫垛是指在货位码垛前,在预定的货位地面位置,根据货垛的形状、底面积大小、商品保护养护的需要、载重量等,使用衬垫材料进行铺垫。常见的衬垫物有枕木、废钢轨、木板、帆布、芦苇、钢板等。

垫垛的作用包括:使地面平整;使堆垛物品与地面隔离,防止地面潮气和积水浸湿货物;可以通过强度较大的衬垫物使重物的压力分散,避免损害地坪;可以形成垛底通风层,有利于货垛通风排湿;可以使货位的泄漏物留存在衬垫之内,不会流动扩散,便于收集和处理。

(五)苫盖

苫盖是指采用专门苫盖材料对货垛进行遮盖,以减少自然环境中的阳光、雨雪、风、尘土等对货物的侵蚀、损害,并尽可能减少货物因自身理化性质而造成的自然损耗,保护物品在储存期间的质量。常用的苫盖材料有帆布、芦苇、竹席、塑料膜、油毡纸、铁皮等。苫盖的方式有就垛式、鱼鳞式、活动棚式等。在对货垛进行苫盖时,苫盖物的下端应离开地面 10 mm 以上,以利于垛底通风。

1. 就垛式。

就垛式是直接将大面积苫盖材料覆盖在货垛上遮盖。

2. 鱼鳞式。

鱼鳞式是将苫盖材料从货垛的底部开始,自下而上呈鱼鳞式逐层交叠围盖。

3. 活动棚式。

活动棚式是将苫盖材料制作成一定形状的棚架,在物品堆垛完毕后,移动棚架到货垛以遮盖货物,或者采用即时安装活动棚架的方式遮盖货物。

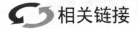相关链接

货物堆码的基本要求

1. 对堆码货物的要求。

(1) 货物的名称、规格、数量、质量已全部查清;

(2) 货物已根据物流的需要进行编码;

(3) 货物外包装完好、清洁、标志清楚;

(4) 部分受潮、锈蚀以及发生质量变化的不合格产品,已加工恢复或已剔除;

(5) 为便于机械化作业,准备堆码的货物已进行集装单元化。

2. 对堆码操作的要求。

在货物堆码前要结合仓储条件做好准备工作,遵循合理、牢固、定量、整齐、节约、方便等基本要求,进行物品堆码。

思考与练习

【实训练习】

选择圆桶形物品 20 件、条状物品 30 件进行货物的堆码技能训练。根据货物特性、现有设施设备及配送中心作业的需求选择合理的堆码方式。

【任务思考】

一、单选题

1. 应用最广泛的叉车是(   )。

A. 平衡重式叉车　　　B. 插腿式叉车　　　C. 内燃式叉车　　　D. 前移式叉车

2. 适合于窄通道作业,有利于装搬条形货物的叉车是(   )。

A. 内燃式叉车　　　B. 电动式叉车　　　C. 插腿式叉车　　　D. 侧面式叉车

3. 叉车与卡车相比,叉车的特点是(   )。

A. 轮距较小,转弯半径大　　　　　　B. 轮距较大,转弯半径大

C. 轮距较小,转变半径小　　　　　　D. 轮距较大,转变半径小

二、多选题

1. 物流搬运技术装备的主要作用有（　　）。
   A. 提高装卸效率，节约劳动力，减少装卸工人的劳动强度，改善劳动条件
   B. 缩短作业时间，加速车辆周转
   C. 提高装卸质量
   D. 降低物料搬运作业成本
   E. 充分利用货位，加速货位周转，减少货物堆码的场地面积

2. 叉车按性能和功用分为（　　）。
   A. 平衡重式叉车　　　　B. 侧面式叉车　　　　C. 前移叉车
   D. 插腿式叉车　　　　　E. 电动式叉车

3. 叉车的特点是（　　）。
   A. 很强的通用性　　　　B. 有装卸搬运双重功能　　C. 很强的机动性
   D. 很强的灵活性　　　　E. 起升高度有限

项目小结

本项目从三个方面介绍了连锁企业物流配送备货、理货、送货三个环节。连锁企业配送中心做好物流配送备货、接货检验、搬运堆码作业，是配送合理化的一个重要体现。

项目4 连锁企业物流配送中心理货作业

  项目目标

1. 掌握仓储作业。
2. 熟悉订单处理作业。
3. 了解盘点补货作业。
4. 能够进行分拣检验操作。

任务一 仓储作业

连锁企业配送中心的功能和工作效率是影响企业物流活动的主要环节,配送中心的仓储管理与库存控制作为物流管理的重要一环,更是渗透从商品生产到消费的全过程。仓储活动越来越受到连锁企业物流管理部门的重视。

我国连锁企业物流活动中的库存资产在连锁企业总资产额中占比十分可观。降低仓储和库存费用、提高仓库作业效率及准确掌握库存量是连锁销售企业降低流动资金需求的主要方式之一。仓库的库存管理对于连锁零售企业的重要性是众所周知的。假设某一连锁零售企业单店日销售额为50万元,销售毛利率20%,库存水平维持销售额的1.5倍,那么,这家拥有30家门店的连锁零售企业每月投入在货物库存管理的资金可以用下面公式计算:

每月投入在货物库存管理的资金=每天用于支持存货的资金×计算天数×门店总数

即 $50×(1-20\%)×1.5×30×30$ 万元=54 000万元,也就是说,该企业每月至少需要投入5.4亿元用于货物的库存管理。如果因库存管理不善而使这笔货款无法及时周转,就将给企业的现金流造成巨大的影响。因此,对于消费者而言,零售企业经营的是商品和服务,但对于零售企业自身而言,其经营的其实是库存周转。连锁企业如何进行库存管理和加快商品周转速度是企业在经营过程中需要解决的主要问题。

任务分析

【主要内容】仓储作业包括库存管理(库存控制)作业、仓库管理(日常保管)作业等。

一、仓储的概念

仓储是指在保管场所对暂时不用的物品进行储存和保管的活动。"仓"是指具有存放和保护功能的建筑物或场地,如房屋建筑、洞穴、大型的容器或特定的露天场地等。"储"即储存、储备,表示收存以备使用,具有收存、保管、交付使用的意思。

仓储分为静态仓储和动态仓储。当物品不能被及时消耗并需要专门场所存放时,静态仓储就产生了;当将物品存入仓库并对存放在仓库里的物品进行保管、控制、提供使用时,则形成动态仓储。可以说,仓储是对有形物品提供存放场所,并在此期间对存放物品进行保管、控制的过程。

连锁企业物流的仓储主要有以下几个特点:连锁企业物流配送中心的仓储是商品生产的持续过程,商品的仓储也创造了连锁企业销售商品的价值;仓储既包括静态的物品储存,也包括动态的物品存取、保管、控制的过程;仓储活动发生在配送中心仓库等特定的场所;连锁企业仓储的对象主要是生活、生产资料,必须是实物动产。

从传统的物资存储仓库、流通中心发展到现在物流活动的节点,作为物流活动的核心环节,仓储在物流整体的运营和协调中发挥着重要的作用,其主要功能和作用也发生了一些改变。储存不仅针对流通中的商品进行检验和保管,还通过流通加工、集散和换装来解决供需之间和不同运输方式与运输工具之间的矛盾,给企业提供一定的场所价值和时间效益,从而保护商品的使用价值、加速商品流转、提高物流的效率、促进社会效益的提高。

二、库存管理作业

库存管理又称库存控制,指的是对库存物料的进货与使用进行计划、组织、协调与控制。库存管理的重点在于企业如何确定订货方式、订货数量和订货时间。过去,企业库存量过多,对企业而言,这可能是生产能力较强的一个证明,但是现在,企业对库存量控制和管理的目标是实现成本最小化,甚至零库存,而过分强调降低库存的水平又会使企业因为货源短缺而产生短缺成本。因此,实施良好的库存管理,保持合理库存量,对于一个企业的资金周转、经营成本控制和最终利润实现是非常重要的。库存是企业生产运作及供应链管理全过程的"无缝连接器"。

(一)库存管理的主要内容

库存管理的主要目标是在满足企业生产经营和顾客服务要求的基础上,合理确定库存物资数量、订货方式和订货时间,减少存货资金的占用,尽可能地降低库存水平,提高物流系统的效率,增强企业竞争力。所以,库存管理不同于仓库管理,它是与库存物料计划和控制相关的所有业务的管理。它不仅应该满足客户和市场的需求,还应该控制库存量,加速库存周转,降低库存总成本。库存管理需要解决的关键问题有以下几个方面:

1. 订货点。

订货点是指库存量降至某一数值时,应该立即下达采购命令的界限。订货点必须把握得当:过早订货,会造成企业库存增加,导致企业的库存成本及其空间利用成本增加;过晚订购,则会造成缺货,迫使企业生产流程中断或丢失客户,影响企业的信誉和竞争力。因此,订货点的把握非常重要。

2. 订货量。

订货量是指企业到达订货点时应该采购的货物数量。恰当的订货量才能满足企业库存量的基准,满足企业生产和销售的需要。订货量过多或过少都会造成企业物流成本的增加或订货费用的增加。

3. 库存量的极限。

考虑库存量的范围时,往往最低库存量和最高库存量都需要确定。最低库存量是企业管理者在进行企业自身状况调研之后制定的某一库存商品能够维持需求的最低库存数量。企业在经营过程中,为了防止库存过多,对各种货品都设置了一个最高的库存水平,这个库存水平就是最高库存量,企业将其作为内部库存控制的一个警戒指标。

我们通常又根据最低库存量是不是临界值将其分为理想最低库存量和实际最低库存量两种。实际最低库存量是理想最低库存量和安全库存量之和。安全库存量是指企业为了防范仓库经营过程中的风险,在设计实际库存量时设置的一个超出理想最低库存量的数值。

4. 平均库存量。

平均库存量是指在某一周期(一年或一个季度)内库存量的平均数,是库存管理中的重要概念。由于进货次数和出库量的不同,平均库存量可分为以下两种情况。

(1)一次进货,每次等量等时出库。由于出库的数量及间隔时间相等,所以实际库存量呈阶梯形下降,库存量与时间的曲线近似一条下降的直线,直线下方的三角形面积就是这段时期的库存量。因而,平均库存量为进货量的一半。

(2)多次等量进货,依次等量出库。一次到货后,依次等量出库,库存量逐渐下降;当库存量为零时又有一批新货入库,库存量又升到最高。这样循环往复使实际库存量呈多次性上升,每次又呈阶梯形下降。若将阶梯形折线化为近似直线进行分析,平均库存量同样等于每次进货量的一半。

(二)库存管理的控制方法

1. ABC 分类法和 CVA 库存管理法。

(1)ABC 分类法和 CVA 库存管理法的概念。ABC 分类法由意大利经济学家帕累托首创,又叫帕累托分析法。该分析法的核心思想是将决定一个事物的众多因素分清主次,识别出对事物起决定作用的关键因素和对事物影响较小的次要因素。按照事物的主次关系,可以将其分为A、B、C 三类。随着研究的不断深入,ABC 分类法也逐渐应用于各个行业。1951 年,美国通用电气公司董事长迪基将 ABC 分类法用于库存管理,投入更多的力量解决那些具有决定性作用的少数事务。

CVA 库存管理法又称为 CVA 关键因素分析法。这个方法的基本原理和 ABC 分类法相似,但它比 ABC 分类法的分类更具目的性。CVA 库存管理法根据某一关键因素将货物分成3~5 类,高优先级的货物要得到更多的重视。有时,这两种方式也会结合起来使用,以达到更好的效果。

ABC分类法具有严格的操作步骤,只有按照下列步骤操作,才能实现有效的库存管理。

①收集数据,如商品名称、规格、年需求(出库、销售)量、物料单价等。

②统计汇总,按价值高低进行排序。主要计算商品种数(库存单元数)的百分比、累计百分比,商品总价值及各种商品占总价值的百分比、累计百分比。

③编制ABC分类表。

④绘制ABC分类图,按标准进行分类。A类商品品种占10%～20%,资金占60%～80%;C类商品品种占50%～70%,资金占5%～15%;B类商品品种占20%～30%,资金占15%～35%。

⑤针对三类商品,确定重点管理方式。A类商品实行重点管理,严加控制,如缩短周期、保持较小库存;C类商品进行粗放管理,稍加控制;B类商品则介于A类与C类之间,实行适中控制。

(2)ABC分类法的局限性。由于现代连锁企业本身对配送需求的一系列特殊性,如批量小、种类多,特别是生鲜商品种类多、配送频次高、信息处理量大、紧迫性强、时效性要求高等,使ABC分类法等一些传统的库存管理方法存在以下局限性:

①不适应商品配送范围较广的要求。以连锁超市为例,其商品种类广泛,对于存储条件的要求差别极大。例如,生鲜蔬菜对于存储的要求主要是保鲜,家用电器对于存储的要求则主要是防潮,玻璃器皿、瓷器等日常用品的要求主要是防震,巧克力等零食则对存储地的温度和湿度有较高的要求,等等。

②不适应商品个性化加工的要求。很多商品都要求物流配送部门或第三方公司可以提供随时随地进行加工且保鲜保量的服务。例如,蔬菜类企业可能要求在存储地直接进行菜心和菜叶的分离和包装,肉制品企业会要求在存储地直接将整片肉进行切割并分成小包装,等等。

③不适应配送频次相差较大的要求。再以连锁超市为例,由于其经营的商品范围广泛,各种商品的用途性能不同,销售量也有较大差别,配送频次也就高低不一、相差较大。例如,生鲜蔬菜类商品属于日常生活必需品,需求弹性较小,所以其配送频率相对较高,平均每天的配送频率达2～3次,而其他商品的配送频率就会稍低一些。

总之,传统的ABC分类法侧重于仓储地对货物实行静态管理,针对品种相近且存储条件大致相同的商品。如果涉及动态配送服务,加上时间因素,其局限性就显而易见。

2. F-ABC分类法。

这种新的ABC分类法是在考虑动态时间因素和配送的情况下,改进传统的ABC分类法而形成的。为了直观地区别新的ABC分类法和传统的ABC分类法,我们把新的ABC分类法称为F-ABC分类法,说明该管理法是在传统的ABC分类法的基础上,考虑时间和配送频率(frequency)之后形成的新的管理法。具体分类如下:将批量小、配送频率高(配送时间间隔一般不足1天)的商品定为A类商品,如生鲜、蔬菜等;将批量较大、配送频率较高(配送时间间隔一般为1～5天)的商品定为B类商品,如日化用品;将配送频率低(配送时间间隔一般在5天以上)的商品定为C类商品,如家用电器、服装类。这样就可以有针对性地提供独具特色的服务。

对于A类商品,由于其配送频率最高,供应商将所要运送的货物运送到物流配送中心后,可以不经存储,只需按照不同运输路线上各个连锁分店的需求量将货物就地加工、卸装到已经准备好的运输卡车上,直接运往各连锁分店。对于 B 类商品和 C 类商品,由于其配送频率较低,供应商将所要运送的货物运送到物流配送中心后,要先将商品分门别类地整货入库,然后根据各连锁分店的订货要求,通过自动化机械进行分货、拣货,再将各连锁分店所需的货物集中起来,用最佳路线原理,安排卡车运输,保证准确及时地将货物送达各连锁门店。

根据连锁企业的特殊要求对各类商品按照配送频率的高低进行分类后,再按照传统的 ABC 分类法,将那些品种数量少而创造的利润很多的商品分为一类,称为 A 类,实行重点管理;把那些品种数量多而创造的利润很少的商品分为一类,称为 C 类,实行一般管理;其余的商品介于 A 类与 C 类之间,称为 B 类,根据情况,B 类商品既可以实行重点管理,又可以实行一般管理。这样就可以对各大类商品中创利较高的商品予以更多的重视和管理。

3. 定量订货法。

定量订货法的基本原理是,预先确定一个订货点 Q_k 和一个订货批量 Q^*,随时检查库存,当库存量下降到订货点 Q_k 时,就要发出订货请求。

4. 定期订货法。

对库存进行管理时,从仓库对某种商品发出订货指令到下一次发出订货指令之间具有一定的间隔时间,即订货周期是固定的,这样每到达固定周期,便发出订货通知,将库存补充到最高库存水平。我们把这种库存管理方法称为定期订货法。

5. 定量订货法与定期订货法的区别。

(1)提出订货请求时点的标准不同。定量订货法提出订货请求的时点标准是,当库存量下降到预定的订货点时,即提出订货请求;而定期订货法提出订货请求的时点标准是,按预先规定的订货间隔周期,到了该订货的时间即提出订货请求。

(2)请求订货的商品批量不同。定量订货法每次请购商品的批量相同,都是事先确定的经济批量;而定期订货法按照固定的订货周期订货,订购的商品批量都不相同,需根据库存的实际情况计算后确定。

(3)库存商品管理控制的程度不同。定期订货法要求仓库作业人员对库存商品进行严格的控制和精心的管理,经常检查、详细记录、认真盘点;而用定量订货法时,只要求仓库作业人员对库存商品进行一般的管理和简单的记录,不需要经常检查和盘点。

(4)适用的商品范围不同。定期订货法适用于品种数量少、平均占用资金大、需重点管理的A 类商品;而定量订货法适用于品种数量大、平均占用资金少、只需一般管理的 B 类、C 类商品。

三、仓库管理作业

仓库管理作业也叫日常保管。连锁企业的仓库管理作业是配送中心业务操作的核心内容,其每个作业环节都是配送中心运作的主要环节。仓库作业的主要内容包括入库作业、在库保管和出库作业三个阶段,这三个阶段涉及商品的多个作业操作,这些具体的作业环节都是互相联系、互相制约的,因此,只有合理细致地对作业流程进行分析和组织,配送中心的业务才能顺利完成。仓库管理作业就是对上述三个阶段的多种业务操作进行统一有效的管理。其主要的管理职责包括仓库作业过程的组织管理、仓库作业过程的协调管理、仓库作业的空间和时间的组织,以及仓库作业过程的监控管理。仓库管理作业的重点内容包括入库验收、出库管理、仓位管理、仓储定位系统与管理控制系统、仓储合理化。

(一)入库验收

商品运输完成后到达配送中心仓库的第一步工作就是入库。入库是仓储作业的开始阶段。入库验收包括入库前的准备、商品接运和商品验收等。

1. 入库前的准备。

商品入库准备工作对商品仓储工作的质量起到至关重要的作用。在商品到达之前,仓库管理人员必须根据合同或客户的要求及时细致地对货物的货位、劳动力、物力等方面进行安排和协调,保证货物能够顺利入库。商品入库的准备工作主要有以下几项:

(1)熟悉入库商品和仓库状况。入库操作和管理人员必须通过认真查阅相关资料或询问供货方等方式了解商品的相关信息,如商品名称、商品物理化学特点、规格数量、到库时间、保管要求等。另外,还要了解仓库库场的相关信息,如货物入库场所的设置、库位分布、库存数量、设备人员分配变动情况等。了解这些信息的目的是能够更快更好地安排和完成新的入库货物的库位安排,以及今后保管保养措施的制定。

(2)制定仓库作业计划。仓库工作人员根据要到达货物的特点和仓库状况制订相应的仓储工作计划,并及时将工作计划下达给相关部门,使之得到执行。

(3)安排货位。安排货位是进行入库作业之前的一项非常重要的准备工作。工作人员要根据了解到的入库货物的信息和仓库状况及时合理地安排货物的储位,保证货物按照仓储的原则进行保管,并且要便于货物的出入库操作。除此之外,在货物到达之前,还要做好储位的清理和维护工作,保证相关设备正常运行。

(4)组织人力,准备工具。在货物入库之前,根据仓储作业计划,安排相应的工作人员进行装卸、搬运、检验及堆码作业;同时要准备好进行堆码、入库操作时用到的工具、设备及材料,如搬运车、托盘、检测工具、苫盖材料等。

(5)确定装卸搬运的工艺流程。根据货物的特点和仓储保管的环境与条件,仓储部门要对货物的入库作业流程进行设计和制定,保证用尽可能高的工作效率完成作业。

(6)相关文件单证的准备工作。货物入库前,需要准备各类报表、单据、记录簿等,以便货物到达后取用。

商品入库前的准备工作必须认真、准确、及时地完成。不同仓库、不同行业的仓储作业规范不太相同,所以准备工作的多少和内容也会有所差别。仓储人员要从企业的实际情况出发,认真做好入库前的准备工作,提高仓储作业的工作效率。

2. 商品接运。

准备工作就绪之后,下一步就是接运。接运地点不同,接运形式也就不同。接运形式主要有四种:码头、车站接货;铁路专用线接货;仓库自行接货;库内接货。

3. 商品验收。

货物到达仓库后必须经过验收,符合企业各项预定标准的货物才能准许入库。验收商品可以根据以下几项标准来进行:采购合同和订单规定的相关信息;采购时确定的样本;采购合同中的规格和图解;货物的国际或国家品质标准。

商品的入库验收工作主要包括验收准备、核对验收单据、检验比例确定、实物验收等几个环节。

(1)验收准备。验收准备工作主要是准备验收货物的货位、验收工具与设备、验收人员等。

具体的准备工作包括以下几个方面：收集验收标准和有关要求；准备验收的工具、仪器及设备等，保证设备、仪器准确可靠；配备相应的人员和意外的防范用具等。

(2)核对验收单据。商品验收的单据主要是供货商提供的入库通知单、质量保证书、装箱单、说明书、保修卡及合格证，特殊货物还须出示相关商检部门的检验证明。另外，验收单据还包括承运人提供的运输单据，如提货通知单、货运交接单、货物运输记录等。验收时必须保证这些单据与相关资料相对应，若出现不符或缺失的情况，应及时向有关部门反映并解决问题。

(3)检验比例确定。在最初签订仓储合同时，仓储双方当事人一般对检验条款做出了明确的规定，双方只需按照合同相关条款的要求选择合理的检验比例。如果合同没有该条款，仓库管理人员应根据具体情况确定合适的检验比例，如商品的数量、厂家的信誉、商品存放时间、生产技术等因素都影响商品检验比例的确定。

(4)实物验收。实物验收是仓库管理验收的核心，主要包括对商品的数量、质量及包装的验收。商品的数量验收往往采取计件、称重、量体积三种形式，以确认商品实际数量与合同及其他单据的一致性。质量检验主要是对商品的外观和化学特性进行检验，保证货物的质量符合相关规定。包装检验是通过感官对商品在运输过程中是否有包装损坏进行校验，包装完整、标志清晰的商品才能准许入库。

商品验收的方法有很多种，可以通过感官验收，也可以用仪器验收。具体来讲，商品验收的方法主要有视觉检验、听觉检验、触觉检验、嗅觉检验、味觉检验、应用仪器检验、货物自行运行检验等。

(二)出库管理

商品的出库管理是指配送中心在接到连锁门店的出库凭证或发货凭证之后，根据相关单据的信息，进行备货、点交、发放等活动。出库业务是仓库保管活动的结束，也是运输活动的开始。为了保证仓库高效、合理地完成出库作业，工作人员必须依据出库计划，合理组织每项活动，保证任务按质按量完成。

1.仓库的出库要求。

仓库管理人员必须依据业务部门或货主开具的"商品调拨通知单"或"提货单"来安排商品出库。仓库出库业务必须符合以下几项要求：

(1)符合仓储的程序要求；

(2)按照单据发货；

(3)坚持先进先出的原则；

(4)及时记账；

(5)保证安全；

(6)准确无误。

另外，在具体操作时，商品出库还要遵循"三不、三核、五检查"的要求。"三不"是未接单据不翻账、未经审核不备库、未经复核不出库；"三核"是核实凭证、核对账卡、核对实物；"五检查"是对单据和实物进行品名检查、规格检查、包装检查、件数检查、重量检查。

2.出库方式的选择。

连锁企业的物流活动中，常见的商品出库方式主要有配送中心自行送货、连锁门店提货、过户、取样、转仓等几种。

(1)配送中心自行送货。这种方式是根据各连锁门店送来的发货凭证或备货单,仓库进行货物的配送、包装、集中和理货等准备作业,并将货物交给运输部门,由运输部门将货物送到各连锁门店指定的收货地点。

(2)连锁门店提货。这种方式是指连锁门店按照发货凭证,用自备的运输工具到配送中心提货,仓库的管理员按证配货,经复核后当场开具交接手续。

(3)过户。这种方式是指货物并未发生出库但货物的所有权已经由供应商转移到各连锁门店。这种形式的出库只有在原货主开具正式过户凭证的基础上才能办理,其过程只是手续办理,并没有实体的出库活动。

(4)取样。这种方式是指企业由于某些特殊需要须从配送中心的仓库中提取部分货物作为样品。仓库管理员要根据正式的取样凭证发放样品,并做好相关记录。常见的取样形式是商品参展取样或商品抽检取样。

(5)转仓。这种方式是指货物从某一仓库移到另一仓库继续进行保管的活动。转仓一般是为了满足仓库保管的业务需要,或者应货主提出的相关要求而进行转仓。仓储企业的转仓一般有企业内部转仓和企业外部转仓两种。企业内部转仓的依据是仓库开具的移仓单;企业外部转仓则要根据货主填制的正式的货物转仓单进行发货和结算,并做好相关的信息记录。

3.出库作业流程。

任何时候都要依据准确、及时、安全的要求完成出库操作。

(1)出库准备。货物在出库之前,工作人员必须按照供应商、连锁企业及某些业务部门的要求,做好出库的准备工作,防止出库过程中出现差错,保证出库的顺利进行,提高工作效率。一般情况下,按照下列程序做好出库准备工作。首先,做好物品准备,如对出库货物的包装情况进行检查和整理,对不符合要求的应重新进行包装和加固。其次,做好物品的标志和标记,需要拼装和拆分的,要按照要求提前做好,以节省出库作业的时间。再次,做好单据的准备工作和工作人员的分配工作。最后,制订出库计划,保证整个出库作业能够顺利进行,提高仓库的工作效率和人员设备的利用率,降低作业成本。

(2)核单。商品出库前要审核各个出库单及其他相关单据的真实性和合法性,在此基础上核对单据的相关商品信息和出库信息,防止出现以假乱真的现象。

(3)备货。出库备货应根据"先进先出、易霉易坏的货物先出、生产日期早的先出"的原则,重新进行检验和计量,并将货物搬运到出库暂存区进行备运。

(4)复核。复核指货物出库时,为了防止出错进行的二次检验。仓库中的复核一般包括人工复核和 RF(无线射频)复核两种形式。人工复核是不借助任何设备,由工作人员进行检验和校对的复核方式;RF 复核是应用无线射频终端对货物进行复核的方式。复核工作在商品出库中十分重要,它可以防止货物错发、漏发和重发的事故发生。

(5)点交。货物包装并复核后,若由各连锁企业门店自行提货或代运,仓库则要核对发放凭证(出库单),全面复核、查对,当面向提货人员或运输人员交接清点;若由仓库送货,则由仓库保管机构移交运输机构。

(6)登账存档。点交结束后,仓库管理员要将相关信息进行记录,如实发货物时间、数量等,并签名;若有信息系统,则要在信息系统中记录。记录完毕,将有关单据交给货主,办理货款结算等事项。

(7)清理。出库结束之后,货物存放区域、系统账目、系统档案都会发生变化。工作人员要对货物存放区域进行整理,收集堆码、苫盖、衬垫的材料,并置于存放区;另外,还要核对账目,更新系统信息,并对出库的后续问题进行处理和记录。

(三)仓位管理

在有限的空间里,尤其在节日期间,为了充分利用仓位、节约费用、提高空间利用率,应做到以下几点:

1. 保持合理的库存。

前面已经讲过如何通过合理的订货来保持库存,仓库管理员必须具备一定的销售知识,掌握非食品、食品等不同商品的流转速度和销售特点,以便于控制库存总量。如一般消费品和快速消费品、普通食品和生鲜食品,其流转速度和消费的季节都有很大差别。

2. 合理利用现有的空间和仓储能力。

根据不同商品的特质和存放要求,合理使用现有的仓储空间。例如,玻璃制品的堆高和纺织品不同,家用电器的堆高和办公用品不同,干货类食品的堆高和饮料也不同。另外,不同商品存放的地点、所需的温度条件也不同,如冷冻品必须存放在冷冻库里,冷冻库要求-18 ℃左右,但是冷藏品就不能存放于冷冻库中。还有,冬、夏季酒水不能存放于室外,防止冻破或变质。

3. 必须经常检查仓库和卖场的仓位,及时要求拼仓板和整理仓位。

对于过期或包装破损的商品,要及时要求有关部门处理。仓库管理员必须用自己的眼睛看,而不是坐在办公室里听,要亲自检查所有的死角。

4. 必须经常检查货架、仓板、叉车、制冷设备的使用情况。

发现问题及时要求有关部门进行修理或更换,以维护设备的正常运行。对于经常损坏的设备必须找出具体原因,制定严格的管理改进方案,并且检查督促执行。

(四)仓储定位系统与管理控制系统

随着科技的发展,仓储的定位和控制管理可以通过定位系统和管理控制系统来完成。这些系统应用条形码、EDI、RFID、传感器、无线通信技术等先进的科学技术,为企业提供实时、准确的库存信息,减少劳动力的投入和出错率。

1. 仓储定位系统。

目前,在我国的大多数仓库中,托盘或货物的位置由人工手写或人工输入计算机进行记录。这种人工记录方式不但容易出错,工作效率较低,而且在进出流量较大的仓库中,寻找一个储存单元货物是一项巨大的工程。采用人工寻找的方式不仅要付出一定的劳动力成本,还增加了额外的寻找时间,从而可能导致生产过程中断及客户订单延期,甚至会耽误一些食品、药品等货物的保存期限,造成客户的流失和企业信誉的下降。仓储定位系统可以实现对集装箱、托盘、货箱与物品的全自动化、实时、精确的定位和跟踪。定位系统在仓储管理过程中的作用体现在以下几个方面:

(1)仓储定位系统可以自动识别货物,记录货物的存放位置,便于货物出入库的操作。有些定位系统可以生成三维的货物存放位置图,便于工作人员快速查找自己的目标货物。

(2)仓储定位系统设置了货物的状态和位置出错的报警系统。货物在存放过程中若出现人为的存放位置出错,报警系统会自动识别并报警,便于操作人员及时进行更改和作业操作。

(3)仓储定位系统可以通过无线网络实时地进行数据传输和任务分配。仓储中心接收到入库或出库任务后,控制系统会给各个子系统下达相应的命令,同时对作业后的数据和资料进行更新和保存,并进行数据传输,以更新各个部门和系统的数据资料,保证系统作业的实时和准确。

(4)仓储定位系统具有操作简便的特性,可直接在仓储系统货叉车的触摸屏上点击操作,便于工作人员操作,节省劳动力,提高操作准确性。

(5)仓储定位系统还具有一定的记忆和状态报告功能。通过该系统,操作人员可以查看仓库作业的状态及操作记录,以便对系统的工作效率和状态进行分析和汇总。

2.仓储控制系统。

随着连锁业的发展,传统的简单、静态的仓储管理已无法保证连锁企业各种资源的高效利用,也无法满足消费者更高的服务要求。如今的连锁配送仓库的作业和库存控制作业呈现出复杂化和多样化的特点,人工记忆和手工录入不但费时费力,而且容易出错,会给连锁企业带来巨大损失。仓储管理信息系统的出现对仓储控制系统的实施起到了至关重要的作用。应用仓储管理信息系统可以有效提高仓库管理的工作效率和质量,降低仓储系统的成本,控制仓库合理库存量、采购数量和采购时间。

仓储管理信息系统由许多控制功能的软件构成,主要有计划功能、执行功能、基本资料管理功能、仓库管理控制功能、采购管理控制功能、销售管理控制功能、报表生成功能、查询功能等。使用条形码管理系统,可以对仓储各环节实施全过程控制管理,也可对货物货位、批次、保质期、配送时间等进行条形码标签序列号管理,实现对收货、发货、补货、集货、送货等各个环节的规范化作业,还可以根据客户的需求制作多种合理的统计报表。

(五)仓储合理化

仓储合理化是用经济的经营方法实现仓储的功能,是一项十分复杂、涉及系统各个方面的大工程。

1.仓储合理化管理原则。

仓储合理化管理虽然涉及面广,系统工程性强,但不管什么环节的管理,都要遵循以下基本原则:

(1)布局合理的原则。仓库的合理布局是企业进行合理化管理的第一步。在满足企业目标需求的前提下,仓库的布局和规划应该尽可能地减少作业环节,优化搬运路线等。

(2)作业环节协调统一的原则。仓储作业的各个环节是密切联系、相互制约的。在作业过程中,每个环节都会对仓储的总体作业效果产生影响。因此,在仓储作业中,要针对仓储的薄弱环节,采取更多的措施,尽量提高其制约性,从而使整个系统的总体作业效果和能力得到提高。

(3)提高机械化水平、自动化水平的原则。仓储系统在设计之初应根据其规模和保管对象,进行机械化、自动化的设计和规划。随着物流技术的不断发展,先进的自动化仓库和自动化仓储设备的投入使用已经在降低企业成本、提高企业工作效率等方面起到了很大的作用。因此,提高企业的机械化、自动化水平是仓储合理化管理的重要原则。

(4)优化作业流程的原则。在仓储作业中,应尽可能地减少装卸、搬运、拆垛、堆垛的次数,优化作业流程,提高生产作业效率,同时提高作业时对货物的保护程度。

(5)仓储灵活性强的原则。应用货物的"灵活指数"或"搬运指数"来衡量仓储货物的灵活性,通常用0~4表示。灵活性越好,指数越高;灵活性越差,指数越低。因此,要实现仓储的合理化管理,应尽可能提高货物的搬运指数。

2.仓储合理化操作。

连锁企业的仓库管理是连锁企业配送活动要解决的主要问题,仓储合理化是配送中心追寻的主要目标。对于连锁企业物流活动中的仓储系统而言,其合理化主要体现在仓储物的数量合理化、储存时间合理化、储存网络合理化、储存布局合理化等方面。因此,我们可以通过质量标志、数量标志、时间标志、分布标志和费用标志来判断仓储管理是否合理化。仓储管理合理化的途径如下:

(1)对仓储管理的货物实施分类管理。在仓库中,依实际情况选用不同的货物分类法对货物进行分类,针对不同类型的货物实施不同的保存方法,从而优化仓储管理模式。

(2)提高仓储空间利用率。可以通过采用高层货架、高垛、自动化立体货架等方式,合理布局,提高仓库的利用率,降低存储成本。

(3)采用"先进先出"的原则,尽量缩短商品储存期。

(4)采用先进的库存养护技术,提高货物的在库养护功能和质量。

(5)采用先进、有效的仓储定位系统和监控识别系统,对货物进行有效的现代化管理,从而节约时间、减少差错。

(6)采用标准化、单元化的存储方式,实现一体化经营与管理,节约存储时间和存储成本。

(7)实施供应链管理机制,建立与供应商的双向沟通,实现仓储及整条供应链的利润最大化。

相关链接

商品保管场所的分配

不管是连锁企业的仓库还是生产制造企业的仓库,甚至第三方物流企业的仓库,它们都在不同时期出现过这种状况,即"不管仓库有多大,总能堆满货物,库位有多大,库存就多大"。这犹如人们居家过日子,房子再大,随着时间的推移,也会觉得空间不够用。在这种情况下,如何打理仓库的库存,理出庞大的库存管理头绪就显得十分重要,而解决这些问题的有效途径就是合理地划分保管场所和设计堆垛。

商品保管场所的分配是指在仓库作业区域内,为库存商品分配适当的存放地点的过程。进行商品保管场所分配的目的是在仓储过程中能够做到物得其所,库尽其用,地尽其力。商品保管场所分配是一个仓库空间利用和库存商品处置成本之间如何平衡的问题。它直接影响仓库进出库作业的流畅性和进出库作业与保管作业的成本。

商品进入仓库的第一步就是选择存放场所。保管区域的划分是指按照库存商品的性质划分类别,根据各类商品存储量的计划任务,结合各种库房、货场、起重运输设备的具体条件,确定各库房和货场的分类存储方案。保管区域的划分要依据货物和存储场所的实际情况,根据货物的周转规律和物资保管的类别、品种、数量,以及对保管、装卸搬运和运输条件的要求进行划分。例如,存放在同一货区的商品必须具有互容性,保管条件不同的商品不应混存,作业手段不同的商品不应混存,灭火措施不同的物品不能混存。在这些基本原则的基础上,按照以下方法实施区域的划分管理:

1.按库存商品理化性质不同进行规划。

按照库存商品的理化性质进行分类管理,如可划分为纺织品区、冷藏品区等。在这种分类方式下,理化性质相同的商品集中堆放,这样便于库存商品采取相应的养护措施,也便于对同种库存商品进行清仓盘点。

2.按库存商品的使用方向或按货主不同进行规划。

根据商品的所有权关系进行分区分类管理,便于仓库发货。但是,这种方式非常容易造成货位的交叉占用及商品间相互产生影响。

3.混合货位规划。

综合考虑按理化性质分类和按使用方向分类的优缺点,对通用商品按理化性质分类保管,对专用商品则按使用方向分类保管。

思考与练习

【实训练习】

在电子商务不断发展的今天,各快递公司都将触角伸向了仓储领域,试图打通仓储和快递的渠道,提供仓配一体化的服务。例如,圆通新龙电子商务有限公司在仓库选址上,利用其网络化优势,仓库一般选在离快递的转运中心较近的位置:上海的仓库和转运中心只有约20分钟车程,北京的一个仓库离转运中心只有五六分钟车程,还有一个仓库就在转运中心的楼上。同时,该公司正在努力打通仓库与快递的转运中心,积极提高交货时效性。

问题:圆通新龙电子商务有限公司通过什么做法提高交货的时效性?

【任务思考】

1.仓储作业包括哪两项作业?

2.库存管理需要解决的关键问题有哪几个方面?

3.库存管理的控制方法有哪些?

4.仓库作业管理的重点内容包括哪些?

5.定位系统在仓储管理过程中的作用体现在哪几个方面?

6.仓储合理化管理原则有哪些?

7.仓储合理化的管理途径有哪些?

任务二 订单处理作业

任务引入

订单处理是指从接到客户订货开始到准备着手拣货为止的作业阶段。少量的订单可采用人工处理,但对于要求处理速度快、差错少的大量订单处理,通常采用计算机处理方式。

订单处理是配送服务的第一个环节,也是配送服务质量得以保证的根本。订单处理是实现企业顾客服务目标最重要的环节之一。改善订单处理过程,缩短订单处理周期,提高订单满足率和供货的准确率,提供订单处理全程信息跟踪,可以大大提高顾客服务水平与顾客满意度,同时也能降低库存水平和物流总成本,使企业获得竞争优势。

【主要内容】订单处理作业包括订单处理流程、订货方式、订单内容等。

一、订单处理的流程

订单处理流程主要包括五个部分,即订单准备、订单传递、订单登录、按订单供货、订单处理状态跟踪,如图4.1所示。

图 4.1　订单处理流程

二、订货方式

订货方式即接受客户订单的方式,分为传统订货方式和电子订货方式。

(一)传统订货方式

1.厂商铺货。

厂商铺货是指供应商直接将商品放在货车上,挨家挨户去送货,缺多少补多少。此种方法适用于周转率快的商品或新上市的商品。

2.厂商巡货、隔天送货。

厂商巡货、隔天送货是指供应商派巡货人员前一天到各客户处查询需补充的商品,隔天再予以补货。

3.电话口述。

电话口述即订货人员将商品名称及数量,通过电话口述方式向厂商订货。由于每天需向许多供应商要货,且需订的品项可能达数十种,故这种方式花费时间长,错误率高。

4.传真订货。

传真订货即客户将缺货信息整理成文,利用传真机传给供应商。

5.邮寄订单。

邮寄订单即客户将订货单邮寄给供应商。

6.客户自行取货。

客户自行取货即客户自行到供应商处看货、补货。此种方式多为传统杂货店因地理位置优势而采用。

7.业务员跑单接单。

业务员跑单接单即业务员到客户处推销产品,而后将订单带回或以电话口述方式告知供应商,为客户及时补货。

(二)电子订货方式

这是一种借助计算机信息处理,以取代传统人工书写、输入、传送的订货方式。它将订货信息转为电子信息由通信网络传送,故称电子订货系统(EOS)。电子订货方式具体有以下三种:

1. 订货簿或货架标签配合手持终端机及扫描器。

这种方式是订货人员携带订货簿及手持终端机巡视货架,若发现商品缺货就用扫描器扫描订货簿或货架上的商品条形码标签,再输入订货数量,当所有订货资料均输入完毕后,利用数据机将订货信息传给总公司或供应商。

2. POS 机。

客户若有 POS 收银机,则可在商品库存档内设定安全存量。每销售一件商品,计算机就自动扣减该商品库存。当库存低于安全存量时,系统便自动生成订单,经确认后通过通信网络传给总公司或供应商。

3. 订货应用系统。

客户的计算机信息系统里有订单处理系统,可将订货信息通过与供应商约定的共享格式,在约定的时间里将订货信息传送出去。

三、订单内容

(一)订单确认的项目主要内容

接受订单后应对订单的内容进行确认,内容包括:

(1)确认货物品种数量及需求日期;

(2)确认客户信用;

(3)确认订单价格;

(4)确认加工包装,如是否需要特殊的包装、分装、贴标签等;

(5)设定订单号码;

(6)建立客户档案;

(7)确认存货查询方式及按订单分配存货的方式。

(二)订单登录

订单登录是指将顾客订货信息转变为公司订单的过程,包括以下步骤:

(1)检查订货信息的准确性,如订货编号、数量、品种、价格等;

(2)检查库存状况,核查货物能否满足顾客订货条件等;

(3)准备延期订货单据或取消订单,如果不能满足顾客的订货条件,则需同顾客商议,是改变订货条件,还是延期订货,或者取消订单;

(4)检查顾客信用等级;

(5)规范顾客订单,把顾客的订货信息按照公司所要求的格式规范化;

(6)开单,准备发货单据等。

信息技术的迅速发展大大提高了订单登录的效率。条形码扫描技术的广泛应用提高了订货信息输入的速度与准确性,并降低了处理成本。借助计算机数据库,库存可供水平和顾客信用的检查等活动实现了自动化处理。与传统的手工处理相比,自动化的订单登录所需的时间减少了 60% 以上。

(三)订单资料处理输出

订货信息经处理后即可打印或输出出货单据,以开展后续的物流作业。

1. 拣货单。

拣货单的输出应考虑商品的储存位置,依据储位前后相关顺序安排,以减少拣货人员重复往返取货,同时需详细、准确标明拣货数量、单位。

2. 送货单。

物品交货配送时,通常附上送货单据供客户清点验收。由于送货单据是客户签收、确认出货资料的依据,故务必准确、清晰。

3. 缺货信息。

配货完毕后,对于缺货的商品或缺货的订单资料,系统应提供查询界面或报表,以便采购人员及时采购。

(四)按订单供货

该阶段是整个订单处理过程中最复杂的部分,包括商品的配送与大量的单据处理。确定供货的优先等级对订单处理周期有重要影响。许多企业没有明确的确定供货优先等级的标准,操作人员面对大量的订单处理工作,习惯性地优先处理简单的、品种单一的、订货量少的订单,其结果往往造成对重要订单供货的延迟,甚至降低了对重要客户的信誉。在确定供货优先等级的情况下,订单处理顺序如下:

(1)按接受订单的时间先后处理;
(2)所需处理时间最短的先处理;
(3)批量最小的、最简单的订单先处理;
(4)按预先设定的顾客优先等级处理;
(5)按向顾客承诺的到货日期先后进行处理。

(五)订单处理状态跟踪

为了向顾客提供更好的服务,满足顾客希望了解订单处理状态的要求,需要对订单处理进行状态跟踪,并与顾客交流订单处理状态信息。随着信息技术,特别是互联网的迅速发展,订单跟踪已变得越来越方便。

相关链接

订单准备是指顾客寻找所需产品或服务的相关信息并做出具体的订货决定的过程,具体内容包括选择合适的厂商和品牌,了解产品的价格、功能、售后服务以及厂商的库存可供水平等信息。减少顾客订单准备的时间,降低顾客的搜寻成本,有助于增加企业产品的市场份额。优先分配的订单通常遵循以下的原则:

(1)具有优先权者先。
(2)依客户等级来取舍,重要性程度高的客户优先分配。
(3)依订单交易量或交易金额来取舍。
(4)依客户信用状况排序,优先处理信用较好的客户的订单。

思考与练习

【实训练习】

一天,仓库分别以仓储管理系统、E-mail和传真形式接到3个客户的入库通知,详情如下:

客户1是×××集团,入库通知内容如下:

货品	数量(箱)	单位(个/箱)	预计提货时间
康师傅红烧牛肉面	5	10	7:00
康师傅西红柿牛腩面	5	10	
达能闲趣饼干	6	10	
奥利奥牛奶味饼干	6	10	

客户2是××公司,入库通知内容如下:

货品名称	数量(箱)	单位(个/箱)	预计到货时间
华为P50(8GB/128GB/全网通)	20	20	12:00
华为P40(8GB/128GB/全网通)	40	20	

客户3是××集团,入库通知内容如下:

货品名称	数量(箱)	单位(个/箱)	预计到货时间
60 mL 高夫经典古龙香水	8	2	19:00
80 g 美加净护手霜	8	1	
五谷道场庖丁鲜蔬面	6	5	
五谷道场香辣牛肉面	6	10	

要求:模拟仓库人员完成入库订单的处理和入库准备。

【任务思考】
1.订单处理流程是什么?
2.订货方式有哪些?
3.订单确认的项目主要内容有哪些?
4.在确定供货优先等级的情况下,订单处理顺序是什么?

任务三　盘点补货作业

任务引入

盘点作业就是定期或不定期地对店内的商品进行全部或部分的清点,以确实掌握该期间的经营业绩,并因此加以改善,加强管理。

补货作业是指在配送作业流程中,当拣货区存货降至设定目标以下时,从存储区把货物运到拣货区即动管区。

盘点是为了确实掌控货物的"进(进货)、销(销货)、存(存货)",可避免囤积太多货物或缺货的情况发生,对于计算成本及损失是不可或缺的数据。补货作业是将货物从仓库保管区搬运到拣货区的工作,其目的是确保货物能够保质保量按时送到指定的拣货区,保证拣货区有货可拣。

任务分析

【主要内容】盘点补货作业主要包括盘点作业流程、盘点方式、盘点工作注意事项和补货作业流程、补货方式、补货注意事项等内容。

一、盘点作业

盘点的目的是确切掌握库存量,掌握损耗并加以改善,加强管理,防微杜渐。盘点范围是配送中心或配送站点的所有库存商品。

(一)盘点作业流程

1. 盘点计划。

准备盘点一周前需要制作好"盘点计划书",计划中需要对盘点具体时间、仓库停止作业时间、账务冻结时间、初盘时间、复盘时间、人员安排及分工、相关部门配合及注意事项做详细计划。

2. 时间安排。

初盘时间:确定初步的盘点结果数据。初盘时间建议在一天内完成。

复盘时间:验证初盘结果数据的准确性。复盘时间根据情况安排在第一天完成或在第二天进行。

查核时间:验证初盘、复盘数据的正确性。查核时间安排在初盘、复盘过程中或复盘完成后,由仓库内部指定人员操作。

稽核时间:稽核初盘、复盘的盘点数据,发现问题,指正错误。稽核时间根据稽核人员的安排而定,在初盘、复盘的过程中或结束后都可以进行,一般在复盘结束后进行。

盘点开始时间和盘点计划共用时间根据当月销售情况、工作任务情况来确定,总体原则是保证盘点质量和不严重影响仓库正常工作任务。

3. 人员安排。

(1)初盘人。初盘人负责盘点过程中物料的确认、点数并正确记录"盘点表",将盘点数据记录在"盘点数量"一栏。

(2)复查人。初盘完成后,由复盘人对初盘人负责区域内的物料进行复盘,将正确结果记录在"复盘数量"一栏。

(3)查核人。复盘完成后,由查核人对异常数量进行查核,将查核数量记录在"查核数量"一栏。

(4)稽核人。在盘点过程中或盘点结束后,由稽核人和仓库经理负责对盘点过程予以监督,以及盘点物料数量或稽核已盘点的物料数量。

(5)数据录入员。数据录入员负责将盘点查核后的盘点数据录入电子档盘点表中。

根据以上人员分工设置和仓库需要对盘点区域进行分析,划分人员责任。

4. 相关部门配合事项。

盘点前一周将"仓库盘点计划"发送给相关责任人员确认,如财务部主管、质量控制部主管、采购部主管、客服主管、销售主管、信息技术主管、总经理,说明相关盘点事宜,要求仓库盘点期间禁止物料出入库。

盘点三天前要求采购部尽量要求供应商或档口将货物提前送至仓库收货,以提前完成收货及入库任务,避免影响正常发货。

盘点三天前通知质量控制部,要求其在盘点前 4 小时完成检验任务,以便仓库及时完成物料入库任务。

盘点前和信息技术部主管沟通好最终盘点数据送达时间,由其安排对数据进行库存调整工作。

5. 物资准备。

盘点前需要准备 A4 夹板、笔、透明胶、盘点卡。

6. 盘点工作准备。

盘点一周前开始追回借料,在盘点前一天将借料全部追回,未追回的要求借方补充相关单据;对于因时间关系未追回也未补单据的,借料数量作为库存盘点,并在盘点表上注明,借料单作为依据。

盘点前需要将所有能入库归位的物料全部归位入库登账,不能归位入库或未登账的物料进行特殊标示注明,不参加本次盘点。

将仓库所有物料进行整理整顿标示,所有物料外箱上都要求标注相应物料库存进出计量单位、储位标示。同一储位物料的距离不能超过 2 m,且同一货架的物料不能放在另一货架上。

在盘点计划时间只有一天的情况下,需要组织人员先对库存物料进行初盘。

仓库盘点前需要组织参加盘点人员进行盘点作业培训,包括盘点作业流程培训、盘点错误经验介绍、盘点中需要注意事项等。

仓库盘点前需要组织相关参加人员开会,以便落实盘点各项事宜,包括盘点人员及分工安排、异常事项处理原则、时间安排等。

盘点前根据需要进行模拟盘点,模拟盘点的目的是让所有参加盘点的人员了解和掌握盘点的操作流程和细节,避免出现错误。

7. 盘点作业。

一般来说,盘点作业包括三方面内容:

(1)查数量。通过点数计数查明物料在库的实际数量,核对库存账面资料与实际库存数量是否一致。

(2)查质量。检查在库物料质量有无变化,有无超过有效期和保质期,有无长期积压等现象,必要时还必须对物料进行技术检验。

(3)查保管条件。检查保管条件是否符合各种物料的保管要求。

8. 盘点数据录入及盘点错误统计。

经仓库经理审核的盘点表交由仓库盘点数据录入员录入电子档盘点表中,录入前将所有数据,包括初盘、复盘、查核、稽核的所有正确数据手工汇总在"盘点表"的"最终正确数据"中。仓库盘点录入员录入数据以"盘点表"的"最终正确数据"为准,并录入盘点差异原因。录入工作应仔细认真,保证无丝毫错误,在录入过程中发现问题应及时找相应人员解决。录入完成以后需要反复检查三遍,确定无误后将电子档盘点表以邮件发给总经理审核。

9. 最终盘点表审核。

在盘点差异数据经过库存调整之后,仓库继续根据差异数据查核差异原因,需要保证将所有的差异原因全部找出。差异原因全部找出后,查核人更新电子档盘点表的差异原因,交仓库经理审核,仓库经理将物料金额纳入核算,最终将"盘点差异(含物料和金额差异)表"呈交总经理审核签字。

10. 财务确认。

在仓库盘点完成后,财务稽核人员在仓库盘点表的相应位置处签名,并根据稽核情况注明"稽核物料抽查率""稽核抽查金额比率""稽核抽样盘点错误率"等。总经理审核完成后,"盘点差异表"由财务部存档。

11. 盘点库存数据校正。

在总经理书面或口头同意对盘点表差异数据进行调整后,信息技术部门根据仓库发送的电子档盘点表对差异数据进行调整;信息技术部门调整差异数据完成后,形成"盘点差异表"并以邮件形式通知相关责任人。

12. 盘点总结及报告。

仓库部负责人对盘点期间的各种情况进行总结,尤其对盘点差异原因进行总结,形成"盘点总结及报告",发送总经理审核,抄送财务部。盘点总结报告需要对以下项目进行说明:本次盘点结果、初盘情况、复盘情况、盘点差异原因分析、以后的工作改善措施等。

(二)盘点方式

1. 抽样盘点。

抽样盘点是由审查单位或其他管理单位发起的具有突击性质的盘点,旨在对仓储管理单位是否落实管理工作进行审核。抽样盘点可针对仓库、物料属性、仓库管理员等不同方向进行。

2. 临时盘点。

临时盘点是因为特定目的对特定物料进行的盘点。

3. 年终(中)盘点。

年终(中)盘点是定期举行的大规模、全面性的盘点工作。根据相关的规定,一般企业每年年终应该实施全面的盘点,上市公司在年中还要实施一次全面的盘点。

4. 循环盘点。

采用信息化管理的企业,为了确保料账随时一致,将物料依照重要性区分成不同等级后赋予不同循环盘点码,再运用信息工具进行的周期性盘点,称为循环盘点。

(三)盘点的三种结果

1. 账实相符,则不需要调账。
2. 账面记录数大于实际拥有数,此为盘亏(如账面记录300,实际只有280)。
3. 账面记录数小于实际拥有数,此为盘盈(如账面记录300,实际却有320)。

无论是盘盈还是盘亏,都要依据实际拥有数来调整账面记录数。最终要求达到账实相符。

(四)盘点工作注意事项

(1)每份盘点报表必须由部门经理以上人员签名;

(2)责任主管在签核报表时,对其数量的总和应再核对一次,以确保无误;

(3)责任主管必须检视每位员工负责的盘点区域是否确实完整地盘点;

(4)在盘点前该盘点品项的销售区域应维持适当的安全库存量;

(5)责任主管须负责对盘点过程中汇集的待处理品(如破损商品、变质商品、过保质期商品、无商标商品等)做出相应处理,如报损、重新包装等;

(6)打印实际盘点报表;

(7)经主管核查无误后,由部门经理以上人员签字,之后由盘点录入人员打印实际盘点报表。

二、补货作业

(一)补货作业流程

补货作业与之后的拣货作业、退货作业息息相关。它的筹划必须满足两个条件:一是确保有货物可配;二是要将待配货物放置在存储都方便的位置。补货作业流程如图4.2所示。

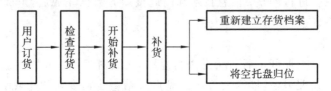

图 4.2 补货作业流程

(二)补货方式

1.按批次和时间划分。

(1)批次补货。在每天或每一批次拣取之前,由计算机核算所需货品的总拣取量和拣货区的货品量,计算出差额并在拣货作业开始前补足货品。这种补货原则适合于一天内作业量变化不大、紧急加订货不多,或每一批次拣取量能事先掌握的情况。

(2)定时补货。定时补货是指将每天划分为若干时段,补货人员在时段内检查拣货区货架上的货品存量,及时补足短缺货品。这种"定时补足"的补货原则,适合于分批拣货时间固定且处理紧急加订货的时间也固定的情况。

(3)随机补货。随机补货是一种指定专人从事补货作业的方式,这些人员随时巡视拣货区的分批存量,发现不足随时补货。此种"不定时补足"的补货原则,适合于每批次拣取量不大、紧急加订货较多,以至于一天内作业量不易事前掌握的场合。

2.按商品存放地点划分。

(1)整箱补货。整箱补货是指从存储区将货品整箱搬到拣货区,由拣货员根据订单进行拣货,拣货员拣货之后把货物放入输送机并运到发货区。动管储区是在拣货作业时所使用的拣货区域,此区域的货品大多在短时期内被拣取出货,其货品在储位上流动频率很高,当动管储区的存货低于设定标准时,则进行补货作业。这种补货方式由作业员到货架保管区提取货箱,用手推车运载货箱至拣货区。该补货方式较适合于体积小且少量多样出货的货品。

(2)托盘补货。这种补货方式是以托盘为单位进行补货的。托盘从地板堆放保管区运到地板堆放动管区,拣货时把托盘上的货箱置于中央输送机并送到发货区,如图4.3所示。

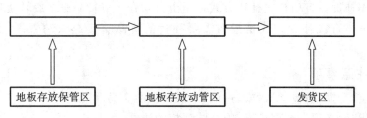

图 4.3 托盘补货示意图

当存货量低于设定标准时,立即安排补货,使用堆垛机把托盘由保管区运到拣货动管区,也可把托盘运到货架动管区进行补货,如图 4.4 所示。这种补货方式适合于体积大或出货量多的货品。

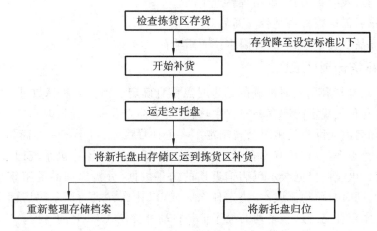

图 4.4 托盘补货作业一般流程图

(3)从货架上层到货架下层的补货方式。此种补货方式的保管区与动管区属于同一货架,也就是将同一货架上的中下层作为动管区,上层作为保管区,而进货时则将动管区放不下的多余货箱放到上层保管区,如图 4.5 所示。当动管区的存货低于设定标准时,利用堆垛机将上层保管区的货物搬至下层动管区。这种补货方式适合于体积不大、存货量不高,且多为中小量出货的货物。

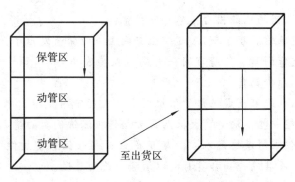

图 4.5 货架上层至下层补货方式示意图

(4)自动仓库补货。自动仓库补货方式是指由自动仓库将货品送至旋转货架进行补货。

(5)直接补货。直接补货方式是指将需要补货的货品直接送入动管区,而不需经保管区转运。

(三)补货注意事项

(1)对已变质、受损、破包、受污染、过期、条码错误的商品严禁出售。

(2)需要补货时,必须先整理排面,维持陈列柜的清洁。

(3)补货时要利用工具(平板车、五段车、周转箱等)进行补货,以减少体力支出,提高工作效率。

(4)叠放在栈板上的货品,应注意将重量及体积大的放在下层,将体积小和易坏的放在上层,摆放整齐。

(5)补货完毕后及时将工具、纸箱等整理干净。

(6)补货完毕后需检查价格是否与商品对应。

(7)补货时商品要轻拿轻放,避免因重摔而影响商品鲜度。

(四)连续补货计划(CRP)

连续补货计划是指利用及时准确的销售时点信息确定已销售的商品数量,根据零售商或批发商的库存信息和预先规定的库存补充程序,确定发货补充数量和配送时间的计划方法。

例如,全球知名商业巨头沃尔玛公司制定了一个补货策略:对于每一种商品,沃尔玛店铺设定一个安全库存水平,一旦现有库存低于这个水平,沃尔玛的计算机系统通过计算机网络自动向供应商订货。供应商根据沃尔玛店铺近期的销售数据,分析出商品的销售动向,再以商品库存数据为基础,同时兼顾物流成本,决定什么时候,以什么方式向沃尔玛店铺发货,以多频度少数量进行连续库存补充。这一系列的程序正是自动补货模式CRP的写照。CRP的决策由客户(存货所在地)负责,也即存货的决策权及所有权与存货的物理位置一致。应该说,仅从决策主体的角度来看,CRP与传统的推式库存补货模式并没有什么不同,但CRP是基于事实的需求数据即时补货的,而推式库存补货模式是基于预测需求数据超前补货的。

自动补货模式主要适合没有信息技术系统或基础设施来有效管理库存的下游企业,以及实力雄厚、市场信息量大、有较高的直接存储交货水平的上游厂商。

相关链接

应对食盐"抢购潮",商场已经出台紧急补货措施:

(1)紧急补货,稳定物价。据了解,A超市上午向上级经销商发出了50 kg订货单,工作人员预计当日下午一两点就能到货。B超市同一天向盐业局发出订单,预计第二天上午就能到货,这批新到的食盐都将以原价销售。

(2)严格控制销售,杜绝奸商成批订货借机倒卖。A超市率先推出限购政策,市民一次购买食盐不能超过4袋,杜绝一些不法奸商大批购买食盐借机涨价倒卖的情况。

(3)发布准确食盐供求消息安定人心。超市负责人向每位售货员做了紧急部署,要求售货员对前来购买食盐的市民准确告知补货时间以消除市民的恐慌。

谈谈补货作业产生的原因及解决办法?

思考与练习

【实训练习】

对于盘点的重要性,很多企业都深有体会,有时候库存盘点方面的误差会严重影响企业的营销战略。将产品放在全程进行信息化管理的万庄农资物流有限公司(简称万庄农资物流)之后,对于企业来说,盘点库存只需轻轻点击管理平台就能实现。

在万庄农资物流的仓库中,每一件物品都有自己独特的"身份证",包含产品的种类、批次、成分等诸多方面的内容,万庄农资物流的管理平台对这些信息进行统一管理,所以,只要输入企业的某一个产品编码,不仅能了解到库存总量,还能够显示出每一批次产品的剩余数量和存放的仓库信息。如果有客户对管理平台上的库存信息产生怀疑时,可以和万庄农资物流协商进行现场盘点,这些对其他仓库属于非常烦琐的工作,在万庄农资物流的信息化管理系统中并不复杂,甚至可以说非常轻松。在日常管理中,万庄农资物流的仓储管理平台会根据农资产品的进出情况进行盘点提示,将不同企业、不同种类、不同批次的产品都按规范摆放。在客户要求进行现场盘点的时候,便可以看到自己的产品分门别类地摆放着,通过计算垛高和每层产品的数量就可以轻松地计算出总量,然后将计算所得的数据和管理平台上的数据进行对照,便可知是否有误差。一般情况下,一个企业在几十分钟之内便可以完成盘点。当然,在万庄农资物流的仓储物流体系中,每一次盘点都需要经过严格的程序,从而保证产品不会因为随意的盘点而出现混乱。盘点时,上游客户提出书面的盘点通知,再由万庄农资物流总部将通知制作成相应的盘点单据,清晰地标明所需盘点的企业名称、产品类型等信息。然后,客户代表和万庄农资物流的相关负责人一起到指定仓库进行盘点,在点数之后进行记录,最终由双方负责人共同签字确认,从而确保盘点数据的准确性和可信度。

问题:谈谈信息化如何让仓库盘点轻松实现?

【任务思考】

1. 盘点的注意事项有哪些?
2. 盘点的作业流程有哪些环节?
3. 盘点的方式有哪些?
4. 补货的作业流程有哪些环节?
5. 补货方式有哪些?

任务四 分拣检验作业

任务引入

分拣作业是依据顾客的订货要求或配送中心的送货计划,尽可能迅速、准确地将商品从其储位或其他区域拣取出来,并按一定的方式进行分类、集中,等待配装送货的作业过程。拣取的货物经过分类、集中后,需要根据客户、车次对象等拣选货品作业进行产品号码及数量的核对,以及产品状态及品质的检验,以保证发运前货物的品种正确、数量无误、质量及配货状态不存在问题。

在配送作业的各环节中,分拣作业是非常重要的一环,它是整个配送中心作业系统的核心。在配送中心搬运成本中,分拣作业搬运成本约占90%;在劳动密集型配送中心,与分拣作业直接相关的人力占50%;分拣、做账时间约占整个配送中心作业时间的30%～40%。因此,合理规划与管理分拣作业,对配送中心作业效率具有决定性的影响。配货检查属于确认拣货作业是否产生错误的处理作业,如果能事先找出拣货作业不会发生错误的方法,就能避免事后检查,或只检查少数容易出错的货品。

任务分析

【**主要内容**】分拣检验作业包括分拣作业、检验作业两种。

一、分拣作业

(一)分拣作业环节

分拣作业是配送中心作业的核心环节。从实际运作过程来看,分拣作业是在拣货信息的指导下,通过行走和搬运拣取货物,再按一定的方式将货物分类、集中,包括四个环节如图4.6所示。

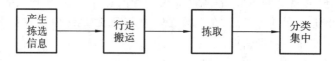

图4.6 分拣作业主要过程

1.拣货信息的产生。

拣货作业必须在拣货信息的指导下才能完成。拣货信息来源于顾客的订单或配送中心的送货单,因此,有些配送中心直接将顾客的订单或配送中心的送货单作为人工拣货指示,即拣货作业人员直接凭订单或送货单拣取货物。这种信息传递方式无法准确标示所拣货物的储位,延长了拣货人员的寻找货物时间和拣货行走路径。在国外,配送中心一般先将订单等原始拣货信息转换成拣货单或电子拣货信号,指导拣货人员或自动拣取设备进行拣货作业,以提高作业效率和作业准确性。

2.行走和搬运。

拣货时,拣货作业人员或机器必须直接接触并拿取货物,因此形成拣货过程中的行走与货物的搬运,缩短行走和货物搬运的距离是提高配送中心作业效率的关键。拣货人员可以步行或搭乘运载工具到达货物储存的位置进行货物搬运作业,搬运作业也可以由自动储存分拣系统完成。

3.拣取。

无论是人工或机械拣取货物,都必须首先确认被拣货物的品名、规格、数量等内容是否与拣货信息传递的指示一致。这种确认既可以通过人工目视读取信息,也可以利用无线传输终端机读取条码由计算机进行对比,后一种方式可以大幅度降低拣货的错误率。拣货信息被确认后,拣取的过程可以由人工或自动化设备完成。通常,对于小体积、小批量、出货频率不是特别高的货物,且搬运重量在人力范围内时,可以采取手工方式拣取;对于体积大、重量大的货物可以利用升降叉车等搬运机械辅助作业;对于出货频率很高的货物可以采用自动分拣系统完成作业。

4.分类与集中。

配送中心在收到多个客户的订单后,可以形成批量拣取,然后再根据不同的客户或送货路线分类集中,需要进行流通加工的商品还需根据加工方法进行分类,加工完毕再按一定方式分类出货。多品种分货的工艺过程较复杂,难度也大,容易发生错误,必须在统筹安排形成规模效应的基础上,提高作业的精确性。对于体积小、重量轻的物品,可以采取人力分货,也可以采取机械辅助作业,或利用自动分货机自动对拣取出来的货物进行分类与集中。分类完成后,货物经过查对、包装便可以出货、装运、送货了。

(二)分拣作业的方式

1.摘果式拣选作业。

(1)流程。针对每一份订单,分拣人员按照订单所列商品及数量,将商品从储存区域或分拣区域拣取出来,然后集中在一起的拣货方式,称为摘果式拣选作业。货物储位相对固定,拣选人员或工具一般是一次只为一个客户进行配货作业;在容积许可而且配送商品不太复杂的情况下,搬运车也可以同时为两个以上的客户配货。

(2)摘果式拣选作业的特点。

①可按照客户要求的时间确定配货的先后顺序。

②按单拣选作业的方法简单,接到订单可立即拣货,作业前置时间短。

③作业人员责任明确。

④商品品项较多时,拣货行走路径加长,拣取效率较低。

⑤各用户的拣选不互相牵制,可以根据用户的要求调整拣选的先后次序,集中力量优先完成某一用户的配货任务。

⑥拣选完一个货单,一个用户的货物便配齐,可以不再落地,直接装车送货。

⑦对机械化、自动化没有严格要求。

⑧用户数量不受工艺限制,可以在很大范围内波动。

(3)摘果式拣选作业的应用范围。

①储存的商品不易移动的情况。

②每一个客户需要的商品品种较多,而每种商品的数量较小的情况。

③适合订单大小差异较大,订单数量变化频繁,商品差异较大的情况,如化妆品、家具、电器、百货、高级服饰等。

④不能建立相对稳定的用户分货货位的情况。

⑤用户之间共同需求差异较大的情况。

⑥用户配送时间要求不一的情况。

⑦传统的仓库改造为配送中心,或新建的配送中心初期运营时。

(4)摘果式拣选作业的作业形式。

①人工拣选。由作业人员一次巡回或分段巡回于各货架之间,按订单拣货,直至配齐。

②人工+手工作业车拣选。分拣作业人员推着手推车一次巡回或分散巡回于货架之间,按订单进行拣货,直到配齐。它与人工拣选基本相同,区别在于借助半机械化的手推车作业。

③机动作业车拣选。分拣作业人员乘车辆或台车为一个用户或多个用户拣选,在拣选过程中进行货物装箱或装托盘的处理。

④传动运输带拣选。分拣作业人员只在附近几个货位进行拣选作业,传送带不停地运转;或分拣作业人员按照电子标签的指令将货物取出放在传送带上,或放入传送运输带上的容器内。传送运输带转到末端时把货物卸下来,放在已划好的货位上,待装车发货。每个作业人员仅负责几种货物的拣选。

⑤拣选机械拣选。自动分拣机或由人操作的叉车、分拣台车巡回于高层货架间进行拣选,或者在高层重力式货架一端进行拣选。这种方式可以人随机械或车操作,也可以通过计算机控制使拣选机械自动寻址,自动取货。这种方式适用于重量和体积都较大且易形成集装单元的货物的拣选。

⑥回转式货架拣选。分拣作业人员固定在拣货的位置,按用户的订单操纵回转货架作业。这种方式适用于拣选作业区域窄小的情况。

2.播种式拣选作业。

(1)流程。播种式拣选作业类似于田野中的播种操作。将多张订单集合成一批,先将要配送数量较多的同种商品从储存货位取出,集中搬运到发货区,然后由组配机械在各个客户的发货位间移动,依次将各个客户需要的该类商品按照要求的数量分拣出来。这样,每巡回一次,就将某一种商品分到若干个需要该类商品的客户发货位上。如此反复,直到将每个客户需要的各种商品都配齐,就完成了一次配货作业任务。这种作业方式的用户货位固定,分货人员和工具做相对运动,又称为分货式拣选作业、批量分拣作业。

与摘果式拣选作业相比,播种式拣选作业可以提高配货速度,节约配货的劳动消耗,提高作业效率,尤其是当需要配送的客户数量很多时,采用播种式作业能够取得更好的效果。

(2)播种式拣选作业的特点。

①批量拣取可以缩短拣取商品时的行走时间,增加单位时间的拣货量。

②由于需要订单累积到一定数量时,才做一次性处理,因此,会产生订单停滞时间。

③集中取出众多用户需要的货物,再将货物分放到事先规划好的用户货位上。

④这种作业方式计划性较强。

(三)分拣作业消耗的时间

从分拣作业的四个基本过程可以看出,整个分拣作业所消耗的时间主要包括以下四大部分:

(1)订单或送货单经过信息处理过程,形成拣货指示的时间;

(2)行走与搬运货物的时间;

(3)准确找到货物的储位并确认所拣货物及其数量的时间;

(4)拣取完毕,将货物分类集中的时间。

因此,要想提高分拣作业效率,就应缩短以上四个作业时间,以提高作业速度与作业能力。此外,为防止分拣错误的发生,应提高配送中心内部储存管理账物的相符率以及顾客满意度,降低作业成本也是分拣作业管理的目标。

(四)分拣作业的最终目的

分拣作业集中在配送中心内部完成,是为高水平配送商品所进行的拣取、分货、配货等理货工作,是配送中心的核心工序。从各国的物流实践来看,由于大体积、大批量需求多采取直达、直送的供应方式,配送的主要对象是中、小件货物,即配送多为多品种、小体积、小批量的物流作业,这样使得分拣作业工作量占配送中心作业量的比重非常大且工艺复杂,特别是对于客户多、商品品种多、需求批量小、需求频率高、送货时间要求高的配送服务,分拣作业的速度和质量不仅对配送中心的作业效率起决定性的作用,而且直接影响整个配送中心的信誉和服务水平。因此,迅速且准确地将顾客所要求的商品集合起来,并且通过分类配装及时送交顾客,是分拣作业最终的目的及功能。

二、检验作业

(一)商品检验方法

出货检查最简单的方法就是人工检查,也就是将货品一个个点数并逐一核对出货单,再检验货品的品质及状态。就货品的品质及状态检验而言,纯人工方式很难将问题一一找出,即使是多次检查,耗费了许多时间,错误很可能依然存在。因此,有必要拓展和开发更有效的出货检查方法,表4.1列出的三种方法可供参考。

表4.1 出货检查方法

检查方式	作业程序	作业效果
条形码检验	导入条形码,让条形码跟着货物。利用条形码扫描器读取移动的货物条形码,计算机自动统计扫描信息,并与出货单进行对比,从而核对货物数量和编号是否有误	相对于人工检验,效率高,出错率低
声音输入检验	当物流人员发声读出货物名称、代码和数量后,计算机接收声音并自动辨别,转换成资料信息后,与出货单进行对比,从而判断是否有误	效率高,但要求作业人员发音准,且应控制每次发音字数,否则会造成计算机识别困难,进而产生错误
质量计算检查	利用计算机计算出货单上的所有货物的总质量,再将计算结果与称出的货物的实际质量进行核对。利用装有检验系统的拣货台车进行拣货,在拣取过程中就能利用此法来核对拣货商品,拣货人员每拣取一样货品,台车上的记重器就会自动显示其质量并核对	可省去事后检查工作,效率及正确性极高

以上三种方式中,声音输入检查法比较先进,作业人员在读取资料的同时,手脚可以同时做其他分拣、理货工作,自由度较高,但对作业人员的发音也提出了较高的要求。因此,物流人员在进行配货检查时,需根据检查内容及货物特性,选择合适的检查方式。

(二)货物检验的内容

1.品质检验。

品质检验是对货物外观、化学成分、物理性能等进行检验。一般采用仪器检验和感官检验两种检验方法。

2.数量和重(质)量检验。

数量和重(质)量检验指按合同规定的计量单位和计量方法对商品数量和重(质)量进行检验。

3.包装检验。

包装检验指对货物包装的牢固度、完整性进行检验,看其是否适合货物的性质和特点,是否适于货物的装卸、搬运条件,是否符合合同及其他有关规定,是否符合标准或合同规定的内包装和衬垫或填充物料,并对包装标志的各项内容进行核对,检查是否与合同规定相符。

4.卫生检验。

卫生检验指检验肉类罐头食品、奶制品、禽蛋制品、水果等货物是否有细菌、寄生虫等。

5.残损鉴定。

残损鉴定指对受损货物的残损部分予以鉴定,分析致残原因及对商品使用价值的影响,估计损失程度,出具证明等。

(三)商品质量检验的方法

1.感官检验法。

感官检验法是借助人的感觉器官的功能和实践经验来检测评价商品质量的一种方法,也就是利用人的眼、鼻、舌、耳、手等感觉器官作为检验器具,结合平时积累的实践经验对商品外形结构、外观疵点、色泽、声音、气味、滋味、弹性、硬度、光滑度、包装和装潢等的质量情况,以及商品的种类品种、规格、性能等进行识别。感官检验法主要有视觉检验、听觉检验、味觉检验、嗅觉检验、触觉检验。

(1)感官检验法的特点。

①方法简单,快速易行。

②不需复杂、特殊的仪器设备和试剂或特定场所,不受条件限制。

③一般不易损坏商品。

④成本较低。

感官鉴定法在商品鉴定中有着广泛的应用,任何商品对消费者来说总是先用感觉器官来进行质量评价的,所以感官鉴定十分重要。在工业和商业的产、供、销过程中经常使用这种方法。

(2)感官检验法的局限性。

①不能检验商品的内在质量,如成分、结构、性质等。

②检验的结果不精确,不能用准确的数字来表示,是一种定性的检验方法,结果只能用专业术语或记分法表示商品质量的高低。

③检验结果易带有主观片面性,常受检验人员知识、技术水平、工作经验、感官的敏锐程度等因素的影响,审美观不同以及检验时心理状态也会影响结果的准确性,故使检验的结果带有一定的主观性,科学性不强。

2.理化检验法。

理化检验法是在实验室的一定环境条件下,借助各种仪器、设备和试剂,运用物理、化学的方法来检测评价商品质量的一种方法,主要有物理检验法、化学检验法。它主要用于检验商品的成分、结构、物理性质、化学性质、安全性、卫生性以及对环境的污染和破坏性等。

理化鉴定法的特点:

(1)检验结果精确,可用数字定量表示(如成分的种类和含量,某些物理化学性能、机械性能等);

(2)检验的结果客观,它不受检验人员的主观意志的影响,对商品质量的评价具有客观而科

学的依据;

(3)能深入地分析商品成分内部结构和性质,能反映商品的内在质量。

理化检验法的局限性:

(1)需要一定仪器设备和场所,成本较高,要求条件严格;

(2)往往需要破坏一定数量的商品,消耗一定数量的试剂,费用较高;

(3)检验需要的时间较长;

(4)要求检验人员具备扎实的基础理论知识和熟练的操作技术。因此,理化检验法在商业企业直接采用较少,多作为感官检验之后、必要时的补充检验方法。

3. 生物学检验法。

生物学检验法是通过仪器、试剂和动物来测定食品、药品和一些日用工业品以及包装对危害人体健康安全等性能的检验。

检验商品品质需采用的检验方法因商品种类不同而异,有的商品采用感官检验法即可评价质量(如茶叶);有的商品既需要采用感官检验法,也需要采用理化检验法(如搪瓷);有的商品需以理化检验的结论作为评价商品质量的依据(如钢材)。要使商品检验的结果准确无误,符合商品质量的实际,经得起复验,就要不断优化检验的技术,采用新的检验方法和新的检测仪器。随着科技的发展,检验方法正向着快速、准确、少损(或无损)和自动化方向发展。

相关链接

《出口商品生产、供货单位检验员认可、管理办法》

第一章 总 则

第一条 为充分依靠生产、供货单位的检验力量,落实出口商品出厂前的检验工作,特制定本办法。

第二条 本办法适用于各地进出口商品检验局对管辖范围内的出口商品生产、供货单位专职检验员的考核认可和管理工作。

第二章 申请认可及考核、发证

第三条 凡检验机构、检验制度健全的出口商品生产、供货单位,可向商检局推荐检验员,申请认可。

第四条 推荐的检验员必须具备下列条件:

(一)从事检验工作三年以上,熟悉检验标准和检验技术,了解生产工艺和管理知识,并能对产品质量做出准确的评价和分析。

(二)工作积极,作风正派,责任心强,坚持原则,办事公正,并有一定威信。

第五条 对符合条件的检验员,由申请单位向商检局领取申请书,由申请单位填报并经主管部门签署意见后送商检局。申请书由各地商检局自行印制,其必备栏目为:被推荐人的姓名、性别、年龄、职称、所在单位、文化程度、工作简历、工作表现、推荐单位意见、主管部门意见、商检局审批意见及考核人员签字。

第六条 商检局可单独或会同生产主管部门对检验员进行考核,考核的内容包括专业技术、工作表现、质量管理知识及文字表达能力等。被考核人员的专业技术水平在中专或相当中专以上的,可免试专业技术,中专以下的由商检局单独或会同主管部门命题考试;其他项目可采取调查、座谈等方式考核。

第七条　经考核合格的生产、供货单位检验员,由各地商检局发给认可证书。证书由各地商检局自行制作。

第三章　被认可的检验员职责

第八条　被认可的生产、供货单位检验员(以下简称认可检验员,下同),履行下列职责:

(一)贯彻商检有关政策。

(二)按要求逐批(指报检批,下同)检验本单位出口产品,对检验结果负责,并做好详细的检验记录。对检验合格的批签发产品合格证,对检验不合格的批或未经检验的批不予签证。

(三)指导本单位出口产品的检验工作,深入生产,对产品质量、规格、数(重)量和包装以及安全、卫生项目进行检查,督促改进。督促有关人员保管好样品、标准等检验依据及有关检验资料、文件。

(四)与商检局保持密切联系,可直接向商检局反映产品质量情况。接受商检局的管理,每季向商检局送交"认可检验员检验情况季报表",每年向商检局提交工作总结。

第四章　对认可检验员的监督管理

第九条　商检局须监督认可检验员的工作,检查其是否按规定检验、评定和填写检验原始记录及"认可检验员检验情况季报表"等。

第十条　对认可检验员进行定期培训、考核,建立认可检验员档案。

第十一条　对工作松懈,作风不正,弄虚作假者,吊销其认可证书;对工作表现突出者予以表彰。

第五章　附　　则

第十二条　出口商品生产、供货单位的领导应支持认可检验员的工作,使人员保持相对稳定,如有调动,须书面告商检局并推荐新的人选。

第十三条　本办法自一九九〇年七月一日起执行。国家商检局(86)国检监字第280号文件下达的《出口商品生产、供货单位检验员考核、认可办法(试行)》同时废止。

思考与练习

【实训练习】

海星配送中心接到了来自三个不同门店的订单,订单的具体内容如下。

门店一:

货品代码	货品名称	单位	规格	数量	条码
31031101	金力波啤酒 640 mL	瓶	1×12	3	6926027711061
31030708	兰得利蓝特爽啤酒 640 mL	瓶	1×12	4	6926026526461
03091705	水森活纯净水 3800 mL	桶	1×12	3	6926026535261
03010302	可口可乐 600 mL	瓶	1×12	2	6926026535311
13010380	来一桶酸菜牛肉火锅面 137 g	碗	1×12	7	6925303773038

门店二：

货品代码	货品名称	单位	规格	数量	条码
03091705	水森活纯净水 3800 mL	桶	1×12	7	6926026535261
03010302	可口可乐 600 mL	瓶	1×12	5	6926026535311
13010380	来一桶酸菜牛肉火锅面 137 g	碗	1×12	4	6925303773038
13070709	龙口粉丝香辣排骨 63 g	碗	1×12	2	6928537100045
53171101	双船卷纸 500 g	卷	1×10	1	6925623107845
13010952	农心大碗面 117 g	碗	1×12	8	6922343185145

门店三：

货品代码	货品名称	单位	规格	数量	条码
31031101	金力波啤酒 640 mL	瓶	1×12	5	6926027711061
31030708	兰得利蓝特爽啤酒 640 mL	瓶	1×12	3	6926026526461
03010302	可口可乐 600 mL	瓶	1×12	5	6926026535311
13010380	来一桶酸菜牛肉火锅面 137 g	碗	1×12	4	6925303773038
13070709	龙口粉丝香辣排骨 63 g	碗	1×12	2	6928537100045
53171101	双船卷纸 500 g	卷	1×10	1	6925623107845
13010952	农心大碗面 117 g	碗	1×12	8	6922343185145

问题：请根据这三个门店的订单制作分拣单并为这些客户进行货物的分拣。

【任务思考】

1. 分拣作业环节有哪些？
2. 分拣作业的方式有哪些？
3. 分拣作业消耗的时间指哪些？
4. 分拣作业的最终目的是什么？
5. 商品检验的方法有哪些？
6. 货物检验的内容有哪些？
7. 商品质量检验的方法有哪些？

项目小结

本项目从四个方面介绍了连锁企业物流配送中心理货作业，包括仓储作业、订单处理作业、盘点补货作业、分拣检验作业。强调指出，理货作业的质量和水平高低是送货环节的重要保障。

项目5 连锁企业物流配送中心送货作业

项目目标

1. 掌握配载送作业。
2. 熟悉输配送作业。
3. 能够进行退、换货操作。

任务一 配载送作业

任务引入

配载送,是指充分利用运输工具(如火车、货车、轮船等)的载重量和容积,采用先进的装载方法,合理安排货物的装载。

配送中心为了顺利、有序、方便地向众多客户发送商品,对组织进来的各种货物进行整理,并依据订单要求对货物进行组合的过程即为配载送作业(也称为配货作业或出货作业)。配送中心组织进来的货物暂存于理货现场,或储备于中心仓库,品种繁多,数量巨大。

任务分析

【主要内容】配载送作业主要内容包括配载送问题类别、组织集装化运输、影响配送车辆积载因素、车辆载配送的方法、配送车辆装载与卸载等。

一、配载送问题类别

目前,同其他运输方式相比,公路运输存在着装载率低、运输费用高等问题。有关资料表

明,企业货车的装载率一般只有70%左右。根据待载货物和车辆的数目,配载送问题可以分为两大类:

一是装载车辆足够多,而待装货物有限,要求使用的车辆数目最少;

二是装载车辆有限,而待装的货物远远超过现有全部车辆的承载能力,要求充分利用车辆的容积和载重能力,使车辆的利用率达到最高。

和一般送货不同之处在于,通过配载送货可以大大提高送货水平,降低送货成本,所以,配载送也是配送系统中有现代特点的功能要素,也是现代配送不同于以往送货的重要区别之处。

二、组织集装化运输

提高货物配载送效率的重要措施之一就是采用各种集装器具组织集装化运输。由于货物品类繁多、形状各异,实现快捷货物集装化运输需要不同类型的集装器具去充分提高货车的装载能力。为叙述方便,文中将集装箱、铁路货车、公路货运汽车、货运飞机、货轮等运输工具或载运工具统称为装载单元。合理利用装载单元的几何容积应分析装载单元的货流构成,考虑装载单元的实际装载程度。装载单元合理容积的确定,对于扩大装载单元的使用范围,提高装载单元的使用效率,有效地利用载运工具的载重量和车厢容积,在各种运输方式之间办理货物联运等,都具有重要的作用。然而,在具体实践操作中,大多数复杂的数学模型和方法同现场实际存在较大差距。

三、影响配送车辆积载因素

(一)货物特性因素

如轻泡货物,由于车厢容积的限制和运行限制(主要是超高),而无法满足载重量要求,降低了车辆载重量的利用率。

(二)包装不标准

若车厢尺寸与货物包装容器的尺寸不成整倍数关系,则无法装满车厢。当货物宽度为80 cm,车厢宽度为220 cm时,车厢将会剩余60 cm无法装满。

(三)减载运行

对于不能拼装运输的货物,应尽量选派核定载重量与所配送的货物数量接近的车辆进行运输。对于某些危险品,必须按有关规定减载运送,以保证运输安全。

(四)装载技术

由于装载技术的原因,某些货物尚不能按车辆的核定载重量实现满载。

四、车辆配载送的方法

车辆配载送要根据需配送货物的具体情况以及车辆情况来选择最优的装车方案。

(一)经验配载送法

凭经验配载送时,应注意以下问题:

(1)为了减少或避免差错,尽量把外观相近、容易混淆的货物分开装载。

(2)重不压轻,大不压小。轻货应放在重货上面,包装强度差的货物应放在包装强度好的货物上面。

（3）尽量做到"后送先装"。由于配送车辆大多是后开门的厢式货车,故先卸车的货物应装在车厢后部,靠近车厢门,后卸车的货物装在车厢前部。

（4）货物与货物之间,货物与车辆直接接触的地方应留有空隙并增加适当衬垫,防止货损。

（5）不将散发臭味的货物与具有吸臭性的食品混装。

（6）尽量不将散发粉尘的货物与清洁货物混装。

（7）切勿将渗水货物与易受潮货物一同存放。

（8）包装不同的货物应分开装载,如板条箱货物不要与纸箱装货物、袋装货物堆放在一起。

（9）具有尖角或其他突出物的货物应和其他货物分开装载或用木板隔离,以免损伤其他货物。

（10）对于易滚动的卷状、桶状货物,要垂直摆放。

装货完毕,应在门端处采取适当的稳固措施,以防开门卸货时,货物倾倒造成货损或人员伤亡。

（二）计算配载送法

合理使用运输工具,是提高运输能力的重要措施,也是合理组织商品运输的重要途径之一。合理使用运输工具,就是在特定的自然条件下,根据运输工具的特点,结合商品的自然属性和形态,以及市场需求的缓急,将全部货运量分配给各种运输工具,充分发挥运输设备的效能。合理使用运输工具的主要途径是提高技术装载量。

提高技术装载量的基本条件是改进商品包装,实现包装标准化,以适合载运工具容积的特点。要提高技术装载量,最大限度地利用车船的载重量和有效容积,主要措施有：

第一,组织轻重配载送。一辆货车全部装载实重商品的话,虽然能够充分利用货车的载重量,但不能装满容积,在容积上造成浪费；若全部装载轻泡商品,虽可以充分利用货车容积,但不能达到核定载重量,在吨位上形成浪费。组织商品轻重配载送,则可以达到充分利用车船有效容积和装载量的目的,以提高运输工具的载重效率。

第二,商品解体装载。这种方法适于某些机械商品,如自行车、磅秤、运动器材等。这些商品体积大,又不便于堆码,如果装载方法不当,必然浪费车船有效容积。这时可在不影响商品质量的前提下,将商品拆解成几个部分,分别包装,以缩小商品所占空间,提高运输工具的装载能力,也便于装卸和搬运。

第三,根据不同货物和不同包装体积的要求,在满足各类车厢的装载标准的条件下,合理安排装载顺序,努力提高装载技术和操作水平,力求装足车辆核定载重量。

第四,根据客户所需要的货物品种和数量,调派适宜的车型承运,这就要求配送中心根据经营商品的特性,配备合适的车型结构。

第五,凡是可以拼装运输的,尽可能拼装运输,但要注意防止差错。

厢式货车有确定的车厢容积,即车厢容积为确定值。设车厢容积为 V,车辆核定载重量为 W。若要装载质量体积为 R_a、R_b 的两种货物,为了充分利用车辆的核定载重量和车厢容积,则两种货物的配载重量 W_a、W_b 按下式计算：

$$\begin{cases} W_a + W_b = W \\ W_a \times R_a + W_b \times R_b = V \end{cases}$$

$$W_a = \frac{V - W \times R_b}{R_a - R_b}$$

$$W_b = \frac{V - W \times R_a}{R_b - R_a}$$

【例 5.1】 某仓库某次需运送水泥和玻璃两种货物,水泥质量体积为 0.9 m³/t,玻璃质量体积是 1.6 m³/t,计划使用的车辆的核定载重量为 11 t,车厢容积为 15 m³。试问如何装载使车辆的核定载重量和车厢容积都被充分利用?

【解】 设水泥的装载量为 W_a,玻璃的装载量为 W_b。

其中 $V = 15$ m³,$W = 11$ t,$R_a = 0.9$ m³/t,$R_b = 1.6$ m³/t,则

$$W_a = \frac{V - W \times R_b}{R_a - R_b} = \frac{15 - 11 \times 1.6}{0.9 - 1.6} \text{ t} = 3.71 \text{ t}$$

$$W_b = \frac{V - W \times R_a}{R_b - R_a} = \frac{15 - 11 \times 0.9}{1.6 - 0.9} \text{ t} = 7.29 \text{ t}$$

故该车装载水泥 3.71 t,玻璃 7.29 t 时,车辆达到满载。

通过以上计算可以得出,两种货物的搭配使车辆的载重能力和车厢容积都得到充分的利用。但是其前提条件需是:车厢的容积系数(车厢容积与车辆核定载重量的比值)介于所要配载货物的质量体积之间。如所需要装载的货物的质量体积都大于或小于车厢容积系数,则只能是车厢容积不满或者不能满足载重量。当存在多种货物时,可以先配载送货物质量体积与车厢容积系数相近的货物,最重的货物与最轻的货物搭配进行配载送;也可以对需要保证数量的货物先足量配载送,再对不定量配送的货物进行配载送。

五、配送车辆装载与卸载

(一)装卸的基本要求

装载、卸载总的要求是省力、节能、减少损失、快速、低成本。

1. 装车前应对车厢进行检查和清扫。

因货物性质不同,装车前需对车辆进行清洗、消毒,卫生条件必须达到规定要求。

2. 确定最恰当的装卸方式。

在装卸过程中,应尽量减少或根本不消耗装卸的动力,利用货物自身的重量进行装卸,如利用滑板、滑槽等。同时应考虑货物的性质及包装,选择最适当的装卸方法,以保证货物完好无损。

3. 合理配置和使用装卸机具。

根据工艺方案科学地选择并将装卸机具按一定的流程合理地布局,以使搬运装卸的路径最短。

4. 力求减少装卸次数。

物流过程中,发生货损货差的主要环节是装卸,而在整个物流过程中,装卸作业是反复进行的,从发生的频数来看,装卸作业也超过其他环节。装卸作业环节不仅不增加货物的价值和使用价值,反而有可能增加货物破损的概率和延缓整个物流作业速度,从而增加物流成本。

5. 防止货物装卸时的混杂、散落、漏损、砸撞。

特别要注意有毒货物不得与食用类货物混装,性质相抵触的货物不能混装。

6. 货物应准确、可靠、稳定。

装车的货物应数量准确,捆扎牢靠,做好防丢措施;卸货时应清点准确,码放、堆放整齐,标志向外,箭头向上。

7. 提高货物集装化或散装化作业水平。

成件货物集装化、粉粒状货物散装化,是提高作业效率的重要手段。所以,成件货物应尽可能集装成托盘系列、集装箱、货捆、货架、网袋等货物单元再进行装卸作业。各种粉粒状货物尽可能采用散装化作业,直接装入专用车、船、库。粉粒状货物也可装入专用托盘、集装箱、集装袋,以提高货物灵活性指数,便于采用机械设备进行装卸作业。

8. 做好装卸现场组织工作。

装卸现场的作业场地、进出口通道、作业流程、人机配置等布局设计应合理,使现有的和潜在的装卸能力充分发挥出来。避免由于组织管理工作不当造成装卸现场拥挤、紊乱,确保装卸工作安全顺利完成。

(二)装卸的工作组织

货物配送运输工作的目的在于不断提高装卸工作质量及效率、加速车辆周转、确保物流效率。因此,除了强化装卸的硬件措施之外,在装卸工作组织方面也要给予充分重视。

1. 制定合理的装卸工艺方案。

尽量使用就近装卸方法或作业量最小法。在进行装卸工艺方案设计时应该综合考虑各种因素的影响,尽量减少二次搬运和临时放置,使搬运装卸工作更合理。

2. 提高装卸作业的连续性。

装卸作业应按流水作业原则进行,工序间应合理衔接,必须进行换装作业的,应尽可能采用直接换装方式。

3. 装卸地点相对集中或固定。

装载、卸载地点相对集中,便于装卸作业的机械化、自动化,可以提高装卸效率。

4. 力求装卸设施、工艺的标准化。

为了促进物流各环节的协调,就要求装卸作业各工艺阶段间的工艺装备、设施与组织管理工作相互配合,尽可能减少因装卸造成的货损货差。

(三)装车堆积

装车堆积是在具体装车时,为充分利用车辆核定载重量、车厢容积而采用的方法,一般根据所配送货物的性质和包装来确定堆积的行、列、层数及码放的规律。

1. 堆积的方式。

堆积的方式有行列式堆码和直立式堆码两种。

2. 堆积应注意的事项。

(1)堆码要有规律、整齐。

(2)堆码高度不能太高,车辆堆装高度一是受限于道路高度,二是须遵循道路运输法规的规定。例如,大型货车的高度从地面起不得超过 4 m;载重量 1 000 kg 以上的小型货车高度不得超过 2.5 m;载重量 1 000 kg 以下的小型货车高度不得超过 2 m。

(3)货物在横向不得超出车厢宽度,前端不得超出车身,后端不得超出车厢的长度为:大货车不超过 2 m;载重量 1 000 kg 以上的小型货车不得超过 1 m;载重量 1 000 kg 以下的小型货不得超过 50 cm。

(4)堆码时应满足重货在下,轻货在上的原则。包装强度差的货物应放在包装强度好的货物上面。

(5)货物应大小搭配,以利于充分利用车厢容积及车辆核定载重量。

(6)按顺序堆码,先卸车的货物后码放。

(四)绑扎

绑扎是配送发车前的最后一个环节,也是非常重要的环节。绑扎是在配送货物按客户订单全部装车完毕后,为了保证货物在配送运输过程中的完好,以及为避免开厢卸货时发生货物倾倒,而必须进行的一道工序。

1. 绑扎的要求。

绑扎端点要易于固定而且牢靠;可根据具体情况选择绑扎形式;应注意绑扎的松紧度,避免货物或其外包装损坏。

2. 绑扎的形式。

绑扎的形式有单件捆绑,单元化、成组化捆绑,分层捆绑,分行捆绑,分列捆绑。

3. 绑扎的方法。

绑扎的方法有平行绑扎,垂直绑扎,相互交错绑扎。

相关链接

提高车辆利用率

配送车辆配载送技术要解决的主要问题就是在充分保证货物质量和数量完好及不超载的前提下,尽可能提高车辆在容积和载重两方面的装载量,以提高车辆利用率,节省运力,降低配送费用。

思考与练习

【实训练习】

某配送中心向三个不同门店发货,发货单的具体内容如下表所示。假设你是该配送中心的配载送人员,有一辆载重量为 1.5 t 的货车和一辆载重量为 1 t 的货车,请根据这三个门店的发货单来制定配载送方案。

发货单(门店一)

货品代码	货品名称	单位	规格	数量	条码
31031101	金力波啤酒 640 mL	瓶	1×12	3	6926027711061
31030708	兰得利蓝特爽啤酒 640 mL	瓶	1×12	4	6926026526461
03091705	水森活纯净水 3800 mL	桶	1×12	3	6926026535261
03010302	可口可乐 600 mL	瓶	1×12	2	6926026535311
13010380	来一桶酸菜牛肉火锅面 137 g	碗	1×12	7	6925303773038

发货单(门店二)

货品代码	货品名称	单位	规格	数量	条码
03091705	水森活纯净水 3800 mL	桶	1×12	7	6926026535261
03010302	可口可乐 600 mL	瓶	1×12	5	6926026535311
13010380	来一桶酸菜牛肉火锅面 137 g	碗	1×12	4	6925303773038
13070709	龙口粉丝香辣排骨 63 g	碗	1×12	2	6928537100045
53171101	双船卷纸 500 g	卷	1×10	1	6925623107845
13010952	农心大碗面 117 g	碗	1×12	8	6922343185145

发货单(门店三)

货品代码	货品名称	单位	规格	数量	条码
31031101	金力波啤酒 640 mL	瓶	1×12	5	6926027711061
31030708	兰得利蓝特爽啤酒 640 mL	瓶	1×12	3	6926026526461
03010302	可口可乐 600 mL	瓶	1×12	5	6926026535311
13010380	来一桶酸菜牛肉火锅面 137 g	碗	1×12	4	6925303773038
13070709	龙口粉丝香辣排骨 63 g	碗	1×12	2	6928537100045
53171101	双船卷纸 500 g	卷	1×10	1	6925623107845
13010952	农心大碗面 117 g	碗	1×12	8	6922343185145

【任务思考】

1. 如何组织集装化运输？
2. 如何做好车辆积载作业？
3. 如何提高车辆利用率？
4. 配载送的方法有哪些？

任务二　输配送作业

任务引入

输配送是指将被订购商品，使用运输车从制造厂或生产地送至顾客手中的活动，而其间可能是从制造厂仓库直接运给顾客，也可能再通过批发商、经销商或由物流中心转送至顾客。

货物的移动可总称为输送，其中短距离且少量输送称为配送。一辆货车对一个送货地点做一次往返称为输送，一辆货车对多处客户点做巡回送货称为配送。以日本的研究来看，一般配送的有效距离最好在 50 km 半径以内，对于国内知名的物流中心，建议配送半径在 30 km 以内。若以配送中心做据点划分，由工厂将货物送至配送中心的过程称为输送，属于少品种、大批量、长距离的运送;而由配送中心将货品送到顾客手中的活动称为配送,属于多频率、多样少量、短距离的运送。当然,两者若能兼顾"效率、服务"原则将可得最佳绩效,但若无法兼顾,则输送较重视效率,以装载率优先,满载而不超载;而配送则多以服务为目标,优先满足门店服务要求。

任务分析

【主要内容】输配送作业包括输送与配送作业要求、输配送作业管理的内容、输配送作业流程、输配送路线的约束条件等。

一、输送与配送作业要求

输配送作业在物流系统中的作用是有利于提高物流的经济效益,使连锁企业实现零库存成为可能;有利于促进物资流通的社会化,可以大大改善生产制造企业的外部环境,提高物资供应的及时性;有利于改善支线输送条件,使整个运输过程得以完善和优化。

(一)输送作业的特征

输送与配送存在着不同,输送作业主要有以下特征:
(1)输送是做长距离、大量物品的位移;
(2)配送是对一个送货点做一次往返位移。

(二)输送与配送的差别

(1)若将配送中心作为物流节点,由制造厂商将物品送到配送中心的过程叫输送,其特点是品种少、大批量、长距离的运送;从配送中心将货品送到客户手中的活动称为配送,其特点是多频率、小批量、短距离的运送。

(2)输送较重视运输效率,以尽可能多装、满载为目标;配送则以服务为宗旨,在许可的情况下,尽可能满足客户的服务要求。

二、输配送作业管理的内容

输配送作业管理是配送中心最具体、最直接的服务内容之一,其管理要点主要有以下内容:

(一)输配送的时效性

如输配送途中不能准时到达,必须立刻与配送中心总部取得联系,由总部采取紧急措施,确保履行合同。通常,造成没有满足运输时效性的因素,除司机本身问题外,还包括所选择的配送路径不佳、路况复杂或中途卸货耽搁等。

(二)输配送的可靠性

输配送的可靠性是指将物品完好无缺地送达目的地,其考核指标有输配送的差错率、货损率等。要达到可靠性的目标,关键是提高输配送人员的素质,要求装货细心、运输过程保护好商品、熟悉门店地点、熟知作业环境和操作规范等。

(三)输配送的沟通性

输配送人员与门店人员的有效沟通,有利于拉近相互间的距离,以便更好地完成输配送作业。

(四)输配送的便利性

输配送作业要有一定的弹性,尽量满足门店的需要,如紧急送货、信息加快传递、顺道退货、辅助其他物料回收等。

(五)输配送的经济性

输配送作业应以提升自身运作效率、控制物流成本为出发点,为客户提供更经济的服务。

三、输配送作业流程

1. 物流配送中心根据客户的发货指令视库存情况做相应的配送处理。
2. 根据配送计划,系统自动地进行车辆、人员、货物的出库处理。
3. 配送中心根据选好的因素指派专人负责货物的调配处理,可选择自动配货,也可选择人工配货,目的是更高效地利用物流公司现有的资源。
4. 配送中心根据系统的安排结果按实际情况进行人工调整。
5. 系统根据货物所放地点(库位)情况按物流公司自己设定的优化原则打印相应的拣货清单。
6. 承运人凭拣货清单到仓库提货,由仓库完成相应的出库处理。
7. 装车完毕后,配送中心根据所送客户数打印相应的送货单。
8. 车辆运输途中可通过 GPS 车辆定位系统随时监控物流状态,并做到信息及时沟通。
9. 在货物到达目的地后,经收货方确认后,凭回单向物流配送中心确认。
10. 产生所有需要的统计分析数据和财务结算数据,并产生应收款与应付款账单。

四、输配送路线的约束条件

以上作业在实施时都受到许多条件的约束,必须在满足这些约束条件的前提下取得成本最低或吨公里最小的结果。

(一)各配送路线的货物量不得超过车厢容积及核定载重量的限制

运输工具载重的限制是指,每辆车、船、飞机都有一定核定载重量,如果超重就会影响安全运输,所以在安排货物的配送路线时应保证同路线货物的总重不超过所使用运输工具的核定载重量。比如,货物由地点 C 至地点 B,运送的货物总重 10 t,配送中心有核定载重量为 8 t 的货车和核定载重量为 10 t 的货车,就应该选择后者。

(二)在交通管制允许通行的时间(如城区公路白天不允许货车通行)内配送

某些路段在一定的时间范围内,不允许某种类型的车辆通行。因此,确定配送路线时应考虑这一因素,以武汉长江大桥为例,过往的车辆应以牌号的末位号分单双号过桥,如果配送路线决定走这条路线则应预计好通过的时间,安排相应的车辆送货。

(三)在配送中心现有运力允许的范围之中

配送中心的能力包括运输和服务这两个方面的能力。运输能力,是指提供适当的专门化车辆的能力,用于温度控制,散装产品,以及侧面卸货等;服务能力,包括利用电子数据交换系统(EDI)编制时间表和开发票,在线装运跟踪以及数据储存和整合等服务。

(四)自然因素的限制

自然因素主要包括气象条件、地形条件,尽管现代运输手段越来越发达,自然因素对于运输的影响已相对减少,但是自然因素仍是不可忽视的影响因素之一。在决定采取航空运输时,就应考虑起运地和到货地是否有比较恶劣的气候,如有,就应考虑替代方案。

(五)其他不可抗力因素的限制

其他不可抗力因素主要指法律的颁布,灾害的发生,战争的爆发,等等。这些因素有时会产生很严重的后果,为了规避风险,应当对其充分估计并购买相应保险。

相关链接

配送运输属于运输中的末端运输、支线运输,和一般运输形态主要区别在于:配送运输是短距离、小规模、高频度的运输形式,一般使用汽车和其他小型车辆作运输工具。与干线运输的另一个区别是,配送运输路线选择问题是一般干线运输所没有的,干线运输的干线是唯一的运输线,而配送运输由于配送用户多,城市交通路线复杂,如何组成最佳路线,如何使配装和路线有效搭配等,是配送运输需要考虑的难点。

思考与练习

【实训练习】

为什么会出现蔬菜批发配送呢?

1. 解决果农、菜农的收入问题,符合政府的菜篮子工程要求;
2. 蔬菜批发配送方便群众购买果蔬,给忙碌的生活带来便利;
3. 在中国食品安全成为争议热点的大背景下,绿色果蔬利于居民身体健康,引起广大人民追捧;
4. 蔬菜批发配送需要大量的配送工、司机等,利于缓解就业问题。

蔬菜配送是以蔬菜为代表的农产品在从生产流通到消费的过程中的一个环节,是一种社会生活和商业服务形式,通常由专业的蔬菜配送公司或个体户负责从各个蔬菜批发商那里采购各种蔬菜、水果农产品,甚至包括肉类、冻品等食材,然后通过车辆运送到超市、果蔬市场、食堂、酒店、餐馆、社区等。食堂配送特别强调速度和保质,因此,一般采用定时配送、即时配送等形式向用户供货。新冠肺炎疫情防控期间,果蔬直接送货到社区发挥了重要作用,大大支持了疫情防控工作,也方便了千家万户。

问题:请介绍一下您在新冠肺炎疫情防控期间是通过哪些渠道获取果蔬的?

【任务思考】

1. 输配送作业要求有哪些?
2. 输配送作业管理面临什么困难?
3. 输配送作业流程是什么?
4. 输配送路线的约束条件有哪些?

任务三 退、换货作业

任务引入

随着竞争的日益激烈,厂商开始采取更为自由的退货政策,导致退货大量堆积,对配送中心来说也是如此。只有把配送中心商品退货管理工作做好,才能使用户对配送中心有信任感、依赖感,才会使用户对配送中心忠诚。做好配送中心商品退货管理工作有着重要的意义。

退货管理不论采取何种形式,其前提都是尽可能避免退货。退货管理的作用是显而易见的,公司通过良好的退货政策,对退货成本和客户服务水平进行平衡。另外,在良好的退回检验控制下,公司对客户的退货授权进行检验,避免错误的、超越权限的退货,这样可以大大减少退货的数量和降低处理成本。

任务分析

【主要内容】退、换货作业包括退货管理的任务、退(换)货的一般原因、退货管理的原则、商品退(换)货、接受退货及退款结算、重新入库、追踪管理、退(换)货作业流程。

一、退货管理的任务

配送中心在完成配送过程中,可能遇到货物包装破损、商品损坏、商品质量差、商品保质期临近甚至已过期、送交的商品与要求的商品不相符等情况,这时就会发生退货。商品退货管理是指在完成物流配送活动中,由于配送方或用户方关于配送物品的有关影响因素存在异议,而进行处理的活动。一般而言,现代退货管理涵盖下述任务:

1. 尽可能减少或消除退货。
2. 退货流程处理。
3. 退货的再分配。

二、退(换)货的一般原因

1. 依照协议可以退货。
例如,连锁超市与供应商达成退货协议的代销商品、试销商品、季节性商品等。
2. 搬运中商品被损坏而造成退货。
由于包装的原因,货物在搬运中受到振动,造成商品损坏或包装破损等。
3. 由于商品质量问题导致退货。
商品质量问题包括商品成分含量达不到要求或数量不足等。
4. 次品召回。
由于商品在设计、制造过程中存在缺陷,在商品销售后,用户或厂商自己发现商品的重大缺陷,必须立即部分或全部召回。这种情况虽然不常发生,但是不可避免。

5.商品过期退回。

有些商品有保质期限规定,例如,日常食品、速食品等。配送中心一般与供应商协定,有效期一过,就予以退货或换货。尤其在今天消费者权益得到保护和用户维权意识日益提高的情况下,过期的商品绝对不可再销售,过期商品的处理需要花费许多时间、财力和人力,无形中增加了成本,必须做到适量、多次、及时订货,注意按生产时间采取先进先出策略。

6.商品错送退回。

由于商品规格、条码、重量、数量等与订单不符,客户要求退回(换货)。

三、退货管理的原则

1.以有关方面的法律、法规为依据。
2.维护用户合法、合理的利益。
3.责任划分明确。

如责任划分不清,需由国家认可的相关机构鉴定后依据鉴定结果进行责任划分。

4.以存在事实凭有效凭证办理。
5.退货具体规定要明确。

四、商品退(换)货

(一)商品退(换)条件

(1)顾客应保留好自己的发货单,如果发现商品存在质量问题,必须凭发货单办理退(换)货手续。

(2)执行"三包(包修、包换、包退)"规定。应先按照先修、后换、最后退的原则进行。

(3)普通商品出售后的质量保证期为10天。10天内,商品发生质量问题,对于不符合国家有关规定的,一律实行"三包"。

(4)商品质量问题,责任不清时,需由国家认可的技术质量监督检验机构鉴定后再凭发货单退换商品。

(5)对于在保质期内商品,若出现质量问题且无法修复使用的,凭发货单退(换)货。

(6)凡商品售出后超过10天,商品将无法退换。顾客应在购买商品后认真读取产品说明,如违规操作导致商品损坏,造成顾客人身伤害、经济损失的,由顾客自行承担。

(7)家用电器、通信类、文化办公类产品在7天内出现质量问题,凭发货单可以换货。对于超出7天的商品,一律自行到厂商维修部修理。

(二)不予退换的商品

(1)对于无销售凭证,无保修单,票货不符,包装严重损伤,其他配件(如电池、挂件、赠品、说明书等)不全的商品,不予退货。

(2)对于医药、食品、烟酒、化妆品、一次性用品、贴身用品,如无质量问题不予退换。

(3)对于音像制品、照相器材、胶卷、相纸、电池和鲜花等一次性商品,如不是质量问题不予退换。

(4)特价商品,不予退换。

(三)客户退(换)货说明

客户在选好商品下订单后,配送中心应于2~3个工作日内把商品送到客户预留的地址。如订购商品出现断货、缺货现象,配送中心应及时告知,请客户等待或换其他商品。

(四)有权拒绝客户退(换)货要求的情形

(1)超过退(换)货时间的商品可拒绝退(换)货,一般规定退换货时间为商品售出后10天以内。

(2)退换商品缺少、内配件缺少或外观受损,包装受损,商品脏污,则不能申请退(换)货。

(3)无发货单或发票、收据丢失,则不能申请退(换)货。

(4)发货单、发票、收据出现脏污、损坏、涂改,则不能申请退(换)货。

(五)商品确认

商品送到客户处时,需由客户本人确认,或指定专人确定,服务人员应提醒客户收到商品后仔细检查商品,逾期不予退换。

五、接受退货及退款结算

(一)设立退货与坏货处理组

接到客户的退(换)货信息后,应安排车辆回收退货商品,集中到配送中心退货处理区进行清点整理,然后根据所退货的状况和退货的原因,按有关退货制度处理。处理退货与坏货的岗位是一般配送中心应设置的主要岗位,但由于配送中心的规模、作业内容、服务对象不同,其岗位的设置也会有所不同。

(二)退货政策

退货管理中最重要的一点就是避免退货。一个公司不可能完全防止客户退回已购买的产品,因此公司对自己的产品和体制的设计必须能使退货最小化。预防的措施包括对产品的质量测试,与零售商、分销商的退货协议,以及增值的客户服务。在实际运行中,退货政策一般包含以下内容。

1.退货价格设计。

退货政策有全部退货和部分退货之分,全部退货时对零售商的退货按照原先的批发价进行全额退款,而部分退货则按批发价打一定的折扣。部分退货政策使得零售商的退货具有一定成本,会降低零售商的盈利水平,因此会增强零售商的风险意识,促使零售商避免部分退货,从而降低厂商的退货成本。

2.退货比率约束。

生产厂商可采取零退货的策略。零退货意味着公司不接受来自顾客的任何退货,相反,公司给零售商一个合适的退货比率,并予以退货处理的相关指导。这样的政策通常伴随着对零售商的折扣。这项政策事实上是把退货的责任转移给了零售商,从而减少了生产商和经销商的费用。但是不利的一点是生产商失去了对商品的控制权。

为了减少退货,有些公司采取了比较严格的退货政策。但是在同一行业中,如果其他公司有相对宽松的退货政策,这样做有失去市场份额的风险。一些厂商及零售商开始重新考虑由退货政策恶意平衡而产生的成本和收益。制定退货政策的初衷,就是为了免除或减轻销售风险,鼓励零售商大批量进货、顾客大量购买,以增加产品销售的机会。因此,客户的满意度会受到退货政策相当程度的影响,这种影响在网上购物中尤其明显。根据调查,网上购物的平均退货率为36%。另外,约有94%的网上购物行为会受到在线退货政策的影响。因此,合理的退货政策能够平衡成本和企业的竞争优势。

3.退货中的合同管理。

退货过程中商品的权责归属不明确,是实际运行中常见的问题。这是合同管理的缺失引起的。极端的情况下,一家为连锁集团服务的第三方物流公司,由于供应商和零售商对退货责任的理解不一,导致产品大量堆积而引起物流公司的运营困难。

不为人注意的退货,在合同的签订过程中常常被一笔带过甚至被彻底忽视。但是,作为加快企业资金周转,充分挖掘剩余价值的方式,以及合理限制客户退货比例的手段,详细而明确的退(换)货条款必须在签订合同过程中就得以体现,这样才能避免退(换)货纠纷。

(三)接受退货程序

(1)营销部门业务人员提出退货申请,由营销管理部与进货部联系,并确定具体退货时间,由营销部经理批准退回,与仓库保管员交接退货信息。

(2)仓库保管员检查退货名称、批号、规格、数量、退货通知等,对照退货单准予入退货库,并填写产品退货记录。退货记录内容应包括:品名、批号、规格、数量、退货单位和地址、退货原因、日期及处理意见等。退货记录作用:了解产品存在的问题和退货原因,企业可根据问题实施改进。企业应着眼于自身问题,如产品质量问题、质量事故、差错(如贴错标签等)、市场动作方式、服务质量(运输破损等)等,立即采取措施予以改进。

(3)仓库保管员填写退货清单,交由责任人签字;供应商清点数量,交质量管理部门检验并签发退货处理意见。

(4)抽样检验并出具检验报告单。

(5)签发退货处理意见。

(6)配送中心根据处理意见安排待配送、再加工或销毁。

(7)产品收回。

(8)建立产品收回管理程序并严格执行。

若出现以下情况,企业应对产品实施收回:留样检验或产品查库发现不符合产品质量标准时;各级监察所抽检发现产品不符合质量标准时;客户反映产品在有效期内存在质量问题,经留样和产品所在地取样检验认为产品质量不合格时;质量管理部门有足够证据怀疑产品存在质量隐患时。

(四)退款的结算

配送中心的结算部门要根据退货原因和退货退库情况,及时结转合理退货的款项。

六、重新入库

重新入库的流程依次是,对新进入的商品办理商品验收手续,为验收合格的商品办理入库手续,填写收货单、验货单、入库单,包括商品名、数量、存放位置、批号、保质期等信息,然后送入制定的正品存放区的库位中,正品存放区的商品是可供配送的,这时总库存量增加。对验收不合格的商品,填写退货单,并登录在册,安排暂时存放,及时退给供货商调换合格商品。调换回的商品同样有收货、验货、入库的过程,这时配送中心的总库存量增加。要货单位接到送交商品后,对商品进行验收,当发现商品包装破损、商品保质期临近或已过期、送交的商品与要求的商品不相符等情况时,会发生退货(填写退货单),退货后配送中心要补货给要货单位,将退回的商品暂存于待处理区,经检验后做处理,对完好的商品(如错配退回等),送回正品存放区(填写移转单)重新入库;对质量和包装有问题的商品,通知公司业务部归还给供应商(填写退货单);对过期和损坏的商品,做报废处理(填写报损单)等。这些商品处理的流动过程也影响了总库存量的变化,掌握和控制这些商品的流转过程就有效地控制和掌握了总库存量。

七、追踪管理

质量管理部门要对发生退货的商品进行调查分析,找出产生退货的原因,根据调查分析结果填写商品收回通知单;销售部门根据商品收回通知单及销售记录将可能收回的商品收集起来,并填写收回记录;质量管理部门对退回商品追查原因并填写处理意见;生产计划部门根据处理意见安排再加工或销毁,并由质量管理部门跟踪进行。质量管理部门应根据造成退货的不同原因,责成相关责任部门采取措施,防止不合格品再次出现。

八、退(换)货作业流程

根据各行业性质的不同,退(换)货作业流程的复杂程度也不同。

(一)退货的流程

1. 受理顾客的商品、凭证。

接待顾客,并审核顾客是否持有收银小票或发票,核查购买时间是否超过规定时间、所购商品是否属于不可退换商品。

2. 听取顾客的陈述。

耐心听取顾客陈述有关的抱怨和要求,判断是否属于商品的质量问题。

3. 判断是否符合退(换)货标准。

结合法律、企业政策以及顾客服务的准则,灵活处理,说服顾客达成一致的看法,如不能满足顾客的要求而顾客予以坚持的话,应请上一级管理层处理。若存在专业商品的质量问题,需经过部门主管确认顾客陈述的质量问题。

4. 同顾客商量处理方案,提出解决办法,尽量让顾客选择换货。

5. 决定退货。

经核查无误后,双方同意退货。

6. 判断权限。

确定退货的金额在处理的权限范围内。

7. 填写"退货单",复印票证。

填写"退货单",复印顾客的收银小票或发票。

8. 退款结算。

在收银机现场完成退现金或其他结算程序,并将交易号码填写在"退货单"上,其中一联与收银小票或发票的复印件钉在一起备查。

9. 退货商品的处理。

将退货商品放在退货商品区,并将"退货单"的一联贴在商品上。

注:"退货单"共两联,一联留存于退换处,营业结束后经收银经理/保安检查后上缴现金室,另一联附在商品上,营业结束后随商品返回。

（二）换货的流程

1. 受理顾客的商品、凭证。

接待顾客,并审核顾客是否持有收银小票或发票,核查所购商品是否属于不可退换商品。

2. 听取顾客的陈述。

耐心听取顾客陈述有关的抱怨和要求,判断是否属于商品的质量问题。

3. 判断是否符合退（换）货标准。

结合法律、企业政策以及顾客服务的准则,灵活处理,说服顾客达成一致的看法。若存在专业商品的质量问题,需经过部门主管确认顾客陈述的质量问题。

4. 决定换货。

双方同意调换同种商品或同类商品甚至不同商品。

5. 填写"换货单",复印票证。

填写"换货单",复印顾客的收银小票或发票。

6. 顾客选购商品。

顾客凭"换货单"的一联,到商场选购要更换的商品。

7. 退换货处办理换货。

在收银机现场完成换货程序,"换货单"中的一联与收银小票或发票的复印件钉在一起,将换货商品以小票标明价格收入,实行多退少补现金法,并将换货交易号码填写在"换货单"的商品联上。

8. 换货商品的处理。

将换货商品放在换货商品区,并将"换货单"的一联贴在商品上。

注:"换货单"共三联,一联留存于收银处,一联顾客使用收回后由收银处留底,营业结束后经收银经理/保安检查后上缴现金室,另一联附在商品上,营业结束后随商品返回。

相关链接

退货作业必须根据商品退货原则,要求退货作业既能够提高客户满意度,又能降低公司损耗;要求换货作业能够降低公司损失,巩固公司产品市场。物流配送企业需根据《中华人民共和国消费者权益保护法》《中华人民共和国产品质量法》《中华人民共和国合同法》及国家其他有关规定来制定物流配送业退换货原则。

思考与练习

【实训练习】

多伊公司规定,只有由本公司售出并具有经理签字准许退货证明的商品才接受退货。除了由于公司的原因引起的退货外,其他退货至少要收 10% 的代保管费,还要加收使退货整修成为可销售新商品所需要的各种费用。退货应注明原发票的号码和货物售价,并预付运费和保险费。如果退货是因为多伊公司的过错引起的,运输费用就由公司承担。退货总是按原批发价和现行价就低的原则计价结算。退货申请必须在开出发票日期的四周内提出。

问题:多伊公司的退货规定使用了哪些退货原则?多伊公司的产品予以退货的原因有哪些?根据物流配送中心退换货一般要求制定物流企业退换货规程。

【任务思考】
1. 退货管理的任务是什么?
2. 退货管理的原则有哪些?
3. 如何进行商品退(换)货?
4. 退换货作业流程有哪些?

项 目 小 结

本项目从三个方面介绍了连锁企业物流配送中心送货作业,包括配载送作业、输配送作业、退换货作业。

项目6 连锁企业物流配送信息技术

项目目标

1. 熟悉配送管理信息系统相关概念及支撑技术、条码概念和结构、条码编码方法、EDI软件功能。
2. 掌握连锁企业物流配送信息技术,包括识别技术、处理技术和传输技术。
3. 理解RFID系统构成、条码扫描器类别和选择指标、数据库管理系统功能。

任务一 信息识别技术

 任务引入

自动识别技术是以计算机技术和通信技术为基础的综合性科学技术,是信息数据自动识读、自动输入的重要方法和手段。

自动识别技术,提供了快速、准确地进行数据采集输入的有效手段,解决了物流数据输入速度慢、错误率高等难题。江苏常州东源纺织有限公司(简称东源公司)是一家专业从事纺织印染、成衣制造、加工以及销售的纺织企业。东源公司的电子商务系统主要分为三大业务系统:网上购物、线下配送管理和实体门店。网上购物系统的业务包括网上促销、网上订单等;线下配送管理系统的业务包括仓库管理、配送管理以及财务结算等;实体门店系统的业务包括收银管理、会员管理以及配送管理等。这三个系统的数据都集中存放在东源中心机房的数据库中。针对收货人易混淆的问题,货物在进行装箱时,系统自动通过条码扫描枪,扫描出货箱条码,然后通过与订单的关联自动带出收货人的信息。自从采用了此条码系统,东源公司各个方面都有了不小的突破,如扩大了服装销售的品种和地域;改变了服装销售的模式;降低了服装成本,也无形中降低了服装销售成本;降低了库存积压。

一、条码技术

（一）条码的概念与结构

1. 代码。

代码即一组用来表征客观事物的一个或一组有序的符号。对项目进行标识时，首先要根据一定的编码规则为其分配一个唯一的代码，然后再用相应的条码符号将其表示出来。如图6.1所示，图中的阿拉伯数字6901234567892即是某物品的商品标识代码，其上方的条码符号则是该代码的符号表示。

2. 条码。

条码是由一组规则排列的条、空及其对应字符组成的标记，用以表示一定的信息。"条"指对光线反射率较低的部分，"空"指对光线反射率较高的部分，这些条和空组成的数据表达一定的信息，并能够用特定的设备识读，转换成与计算机兼容的二进制和十进制信息。

图6.1 条码示意图

图6.2 EAN-13码的符号结构

（二）条码符号结构

一个完整的条码组成次序为：左侧静区、起始字符、左侧数据字符、分割字符（主要用于EAN码）、右侧数据字符、校验字符、终止字符、右侧静区，如图6.2所示。

静区是指条码左右两端外侧与空的反射率相同的限定区域，它能使阅读器进入准备阅读的状态。起始字符、终止字符指位于条码开始和结束的若干条、空，分别标志条码的开始和结束，同时提供了码制识别信息和阅读信息。数据字符是指位于条码中间的条、空结构，它包含条码所表达的特定信息。

（三）条码的编码方法

条码技术涉及两种类型的编码方式：一种是代码的编码方式；另一种是条码符号的编码方式。代码的编码规则规定了由数字、字母或其他字符组成的代码序列的结构，而条码符号的编制规则规定了不同码制中条、空的编制规则及其二进制的逻辑表示设置。表示数字及字符的条码符号是按照编码规则组合排列的，故各种码制的条码编码规则一旦确定，我们就可将代码转换成条码符号。

条码利用"条"和"空"构成二进制的"0"和"1",并以它们的组合来表示某个数字或字符而反映某种信息。不同码制的条码在编码方式上有所不同,一般有以下两种:模块组合法和宽度调节法。

1. 模块组合法。

模块组合法是指在条码符号中,条与空是由标准宽度的模块组成的。一个标准宽度的条模块表示二进制的"1",而一个标准宽度的空模块表示二进制的"0"。商品条码模块的标准宽度是0.33 mm,每个商品条码字符由2个条和2个空构成,每个条或空由1~4个模块组成,每个条码字符的总模块数为7,如图6.3所示。

2. 宽度调节法。

宽度调节法是指条码中,条与空的宽窄设置不同,用宽单元表示二进制的"1",用窄单元表示二进制的"0",宽窄单元之比一般控制在2~3之间。

以二五条码为例说明宽度调节法的编码方法。二五条码是一种由条表示信息的非连续型条码,如图6.4所示。条码字符由规则排列的5个条构成,其中有2个宽单元,3个窄单元。

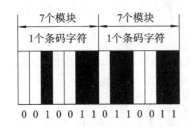

图6.3 条码字符的组成示意图

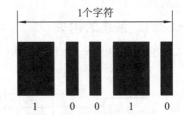

图6.4 二五条码的字符组成示意图

条码技术具有信息采集速度快,可靠准确,易于制作,自由度大,灵活、实用,设备结构简单、投资小等优点。

(四)条码识读技术

1. 条码识读原理。

条码阅读器是用于读取条码信息的设备。条码阅读器的结构通常包括以下部分:光源、接收装置、光电转换部件、译码电路、计算机接口。条码识读的基本工作原理为:由光源发出的光线经过光学系统照射到条码符号上面,被反射回来的光经过光学系统成像在光电转换器上,使之转换为电信号,电信号经过电路放大后产生一个模拟电压,它与照射到条码符号上被反射回来的光强度成正比,模拟电压经过滤波、整形,形成方波信号,经译码电路解释为计算机可以直接接收的数字信号。

2. 常用识读设备及选择。

普通的条码阅读器通常采用以下三种技术:光笔、CCD、激光。它们都有各自的优缺点,没有一种阅读器能够在所有方面都具有优势。通常使用的扫描设备有四种:

(1)手持式条码扫描器。其特点是扫描速度快,每秒可对同一标签的内容扫描几十次至上百次。

(2)台式条码自动扫描器。这种扫描器也可以安装在生产流水线传送带旁的某一固定位置,等待标附有条码标签的待测物体以平稳、缓慢的速度进入扫描范围,对自动化生产流水线进行控制。

(3)激光自动扫描器。这种扫描器可以在百分之一秒内对某一条码标签扫描阅读多次,而且可以做到每一次扫描不重复上一次扫描的轨迹。扫描器内部光学系统可以将单束光转变成十字光或米字光,从而保证被测条码从各个不同角度进入扫描范围时都可以被识读。

(4)便携式条码阅读器。便携式条码阅读器本身是一台专用计算机,有的甚至就是一台通用微型计算机,这种设备特别适用于流动性数据采集环境。阅读器可以将收集到的数据送到主机内存储。有些场合,标有条码信息或代号的(数据采集器)载体体积大,比较笨重,不适合搬运到同一数据采集中心处理,这种情况下,使用便携式条码阅读处理器十分方便。

选择条码阅读设备时应考虑分辨率、一次识别率、误码率、扫描速度、扫描宽度、扫描景深等指标。

二、射频识别技术

射频识别(radio frequency identification,RFID)技术,又称无线射频识别,是一种通信技术,俗称电子标签。可通过无线电信号识别特定目标并读写相关数据,而无需识别系统与特定目标之间建立机械或光学接触。

(一)RFID系统的构成

从系统的工作原理来看,RFID系统一般由标签、阅读器、编程器、天线等部分组成,如图6.5所示。

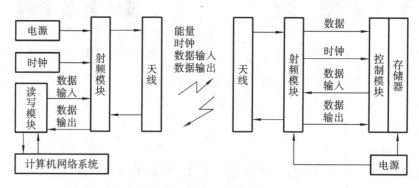

图6.5 RFID系统结构框图

(1)标签。在RFID系统中,信号发射机为了不同的应用目的,会以不同的形式存在,典型的形式是标签(TAG)。标签相当于条码技术中的条码符号,用来存储需要识别、传输的信息。标签一般是带有线圈、天线、存储器与控制系统的低电集成电路。

(2)阅读器。在RFID系统中,信号接收机一般称为阅读器。

(3)编程器。只有可读可写标签系统才需要编程器。编程器是向标签写入数据的装置。

(4)天线。天线是标签与阅读器之间传输数据的发射、接收装置。系统功率、天线的形状和相对位置均会影响数据的发射和接收,系统的天线还需要专业人员来设计、安装。

(二)RFID系统应用

1.电子物品监视。

很多货物运输需准确地知道它的位置,像贵重物品、危险品等。沿线安装的RFID设备可跟踪运输的全过程,有些还结合GPS系统对物品实施有效跟踪。RFID技术用于商店,可防止某些贵重物品被盗,如电子物品监视系统 EAS(electronic article surveillance)是一种设置在需要控制物品出入的门口的 RFID 技术。这种技术的典型应用场合是商店、数据中心等地方,当未被授权的人从这些地方非法取走物品时,EAS 系统会发出警告。

2. 定位系统。

实现车号的自动识别是铁路人由来已久的梦想。RFID 技术的问世,很快受到铁路部门的重视。从国外实践看,北美铁道协会 1992 年初批准了采用 RFID 技术的车号自动识别标准,到 1995 年 12 月为止,北美有 150 万辆货车、1400 个地点安装了 RFID 装置,首次在大范围内成功地建立了自动车号识别系统。此外,欧洲一些国家,如丹麦、瑞典也先后以 RFID 技术建立了局域性的自动车号识别系统,澳大利亚近年来开发了自动识别系统,用于矿山车辆的识别和管理。

3. 非接触识别卡。

国外的各种交易大多利用各种卡完成,即非现金结算,如电话卡、会员收费卡、储蓄卡、交通卡等。此类卡大都采用磁卡或 IC 卡,由于磁卡、IC 卡采用接触式识读,存在抗机械磨损差、抗外界磁场干扰能力差、磁卡易伪造等缺陷,目前,大有被非接触识别卡替代的势头。

4. 生产线的自动化及过程控制。

RFID 技术用于生产线可实现自动控制,达到监控质量、改进生产方式、提高生产率的目的,如用于汽车装配生产线。许多著名轿车像奔驰、宝马都可以按用户要求定制,也就是说从流水线开下来的每辆汽车都是不一样的,由上万种内部及外部选项决定的装配工艺是各式各样的,没有一个高度组织、复杂的控制系统很难胜任这样复杂的任务。德国宝马公司在汽车装配线上配有 RFID 系统,以保证汽车在流水线各位置处毫不出错地完成装配任务。

在工业过程控制中,很多恶劣的环境、特殊的环境都采用了 RFID 技术,意法半导体(STS)集团等集成电路制造商采用加入了 RFID 技术的自动识别工序控制系统,满足了半导体生产对于超净环境的特殊要求;而其他自动识别技术(如条码)在如此苛刻的化学条件和超净环境下是无法工作的。

5. 网络监控。

在网络监控系统中,固定布置的 RFID 阅读器分散布置在给定的区域,阅读器直接与物流管理信息系统相连,信号发射机是移动的,一般与移动的物体或人安装在一起。当物体、人流经阅读器时,阅读器会自动扫描标签上的信息并把数据信息输入数据管理信息系统,存储、分析、处理,达到控制物流的目的。

6. 高速公路自动收费系统(ETC)及智能交通系统(ITS)。

高速公路自动收费系统(ETC)是 RFID 技术最成功的应用之一,它充分体现了非接触识别的优势。在车辆高速通过收费站的同时自动完成缴费,解决交通瓶颈问题,避免拥堵,同时也避免了现金结算的种种弊端。我国高速公路已经广泛应用这种技术用于收费管理。

7. 动物的跟踪及管理。

RFID 技术可用于动物跟踪,研究动物的生活习性。

相关链接

国外对二维条码技术的研究始于 20 世纪 80 年代末,我国对二维条码技术的研究开始于 1993 年。二维条码技术是在一维条码无法满足实际应用需求的前提下产生的。受信息容量的限制,一维条码通常是对物品的标识,而不是对物品的描述。所谓对物品的标识,就是给某物品分配一个代码,代码以条码的形式标识在物品上,以便自动扫描设备的识读,代码或一维条码本身不表示该产品的描述性信息。另外,在通用商品条码的应用系统中,对商品信息,如生产日期、价格等的描述必须依赖数据库的支持。在没有预先建立商品数据库或不便联网的地方,用一维条码表示汉字和图像信息几乎是不可能的,即使可以表示,也显得十分不便且效率很低。随着现代高新技术的发展,迫切需要用条码在有限的几何空间内表示更多的信息,以满足千变万化的信息表示的需要。

二维条码的诞生解决了一维条码不能解决的问题,它能够在横向和纵向两个方位同时表达信息,不仅能在很小的面积内表达大量的信息,而且能够表达汉字和图像信息。二维条码的出现拓展了条码的应用领域,被许多不同的行业采用。

二维条码是用某种特定的几何图形按一定规律在平面(二维方向)上分布的黑白相间的图形来记录数据符号信息的一种条码技术。简单地说,在水平和垂直方向的二维空间存储信息的条码,称为二维条码。

思考与练习

【实训练习】

条码与RFID之争

如何运用现代信息技术为企业"强身健体",如何用信息技术支持企业的决策,已经成为很多企业需要全力解决的技改项目。

1.条码技术。

(1)在制品的条码能实现从原材料到最终产品的全面跟踪。在库存盘点时,条码的使用将大大地提高效率,减少库存冻结的时间。通过手持无线终端,收集盘点商品信息,然后将收集到的信息由计算机集中处理,从而形成盘点报告。

(2)条码和ERP集成的系统可以降低30%处理成本,提高物流流转速度,并优化库存、在制品或产成品的跟踪流程。

(3)用条码对生产各个阶段物料进行跟踪的经验和技术,同样可以应用于样品的跟踪和质量控制。

2.RFID技术。

在企业应用中,最有前途的自动识别和数据采集技术是RFID技术,应用RFID需要大规模的基础设施建设,如阅读器可以与手持终端固定在一起,也可以固定安装在某个位置上,如工厂的入口、到货库房的大门、货架或生产线上。

如果建设了RFID所需的基础设施,RFID标签的信息通过无线电规律收发的优势显露无遗。RFID在对象和读卡器之间不需要条码所必需的可视联系,从而可以在无人照管的情况下完成识别和信息存储过程。RFID可以穿过包装物、运输容器和金属之外的多种材料读出所需信息。

在实际的操作中,RFID技术提供的实时定位系统可以用来跟踪成品的位置。在每个离开生产线的成品上贴上RFID标签,可以很容易地跟踪成品的装载运输过程。

问题:为什么出现条码与RFID之争?

【任务思考】
1. 简要谈谈条码技术在配送中心是如何应用的？
2. 简要谈谈射频识别技术(RFID)在配送中心是如何应用的？

任务二　信息传输技术

任务引入

物流信息传递技术是指一切能使物流信息跨越时间或空间进行流动的技术，包括时间传递技术和空间传递技术两大类。

古时候的火光传递信号、信鸽传书、旗语等，都属于信息传输技术的一部分，目的在于长距离地传递信号。在科技时代，传输技术的应用范围更广，可以将生物信号、微电流信号长距离传送给远端的仪器设备。传输技术广泛应用于物流配送、工业生产等领域。

任务分析

【主要内容】信息传输技术包括 EDI、BDS 与 GPS、GIS 等。

一、电子数据交换(EDI)

EDI 是英文 electronic data interchange 的缩写，中文可翻译为"电子数据交换"，港、澳及海外华人地区称之为"电子资料联通"，它是一种在公司之间传输订单、发票、物流信息等作业文件的电子化手段。它通过计算机通信网络将贸易、运输、保险、银行和海关等行业的信息，用一种国际公认的标准格式，实现各有关部门或企业与企业之间的数据交换与处理，并完成以贸易为中心的全部过程。

（一）EDI 概述

1. EDI 的起源、发展与应用。

EDI 的历史可以追溯到 20 世纪 60 年代末，欧盟国家和美国几乎同时提出 EDI 概念。70年代以后，信息技术的发展使计算机及通信网络不断更新换代，通信、交通手段的革新使得生产社会化、国际化，加速了国际贸易的发展，跨国公司不断涌现。这些跨国公司为了获得最佳的经济效益，必然要在全球范围内合理安排原料进货、加工、装配及销售等，而所有这些活动都要求有极高的效率和准确性，EDI 应运而生。EDI 能使从原料到生产、销售的整个过程的各个环节更紧密地结合，从而降低了生产成本。

2. EDI 定义。

由于 EDI 发展和实施方法各有不同，关于其定义并无统一的解释。

在通信科学领域，EDI是指将商业或行政事务处理按照一个公认的标准，形成结构化的事务处理或报文数据格式，从计算机到计算机的电子传输方法。

在管理科学领域，EDI是指按照一个公认的标准，形成结构化的事务处理处理或信息数据格式，实施商业或行政事务处理从计算机到计算机的电子传输。

在计算机科学领域，EDI是指在商业活动中，发票、订单等结构化数据，在计算机间按标准化格式进行交换和自动处理的技术。EDI技术是电子商务的早期应用。

在食品科学领域，EDI是指根据商定的交易或电子数据的结构标准实施商业或行政交易，从计算机到计算机的电子数据传输。

从上述EDI定义不难看出，EDI包含了三个方面的技术，即计算机应用、通信和网络、数据标准化。其中计算机应用是EDI的条件，通信环境是EDI应用的基础，标准化是EDI的特征。这三方面相互依存，构成EDI的基础框架。狭义地讲，EDI技术是指EDI专用的一套结构化数据格式标准。

3. 特点。

EDI作为企业自动化管理的工具之一，具有以下特点：

（1）EDI在企业与企业之间传输商业文件数据。

（2）EDI传输的文件数据采用了共同的标准。

（3）EDI通过数据通信网络，即增值网和专用网传送数据，随着技术的发展，也可利用公用网。

（4）EDI数据的传输是从计算机到计算机的自动传输，不需人工介入操作。

EDI与电子邮件的区别是：EDI的传输内容是格式化的标准文件并有格式校验功能，而电子邮件是非格式化的。EDI的处理过程是由计算机自动处理的，不需人工干预，而电子邮件的处理过程需人工干预。

（二）EDI 系统的组成

EDI的工作方式如图6.6所示。用户在现有的计算机应用系统上进行信息的编辑处理，然后通过EDI转换软件将原始数据格式转换为中间文件，再通过翻译软件变成EDI标准格式文件。最后在文件外层加上通信交换信封，通过通信软件发送到增值服务网络、Internet或直接传给对方用户，对方用户则对信息进行相反的处理过程，最后信息成为用户应用系统能够接受的文件格式，指导用户阅读处理。

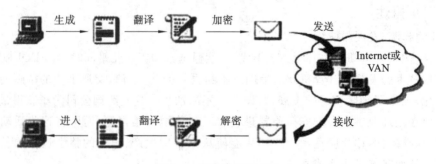

图 6.6　EDI 的工作方式

(三)EDI 软件

实现 EDI 通信,需要配备相应的 EDI 软件。EDI 软件具有将用户数据库系统中的信息,译成 EDI 标准格式,以供传输交换的能力。虽然 EDI 标准具有足够的灵活性,可以适应不同行业的需求,但由于每个公司都有其规定的信息格式,因此,当需要发送 EDI 电文时,必须用某些方法从公司的专有数据库中提取信息,并把它翻译成 EDI 标准格式进行传输,这就需要 EDI 相关软件的帮助。

1. 转换软件(mapper)。

转换软件可以帮助用户将原计算机系统的文件,转换成翻译软件能够理解的平面文件(flat file),或是将从翻译软件接收来的平面文件,转换成原计算机系统中的文件。

2. 翻译软件(translator)。

将平面文件翻译成 EDI 标准格式文件,或将接收到 EDI 标准格式文件翻译成平面文件。

3. 通信软件(communication software)。

将 EDI 标准格式的文件外层加上通信信封(envelope),再送到 EDI 系统交换中心的邮箱,或由 EDI 系统交换中心将接收到的文件取回。

二、北斗卫星导航系统(BDS)与全球卫星定位系统(GPS)

(一)BDS

1. 简介。

中国北斗卫星导航系统(Beidou satellite navigation system,缩写 BDS),具有在陆、海、空进行全方位实时三维导航与定位的能力,是中国自主建设的定位导航系统,也是继美国全球定位系统(GPS)、俄罗斯格洛纳斯卫星导航系统(GLONASS)之后第三个成熟的卫星导航系统。北斗卫星导航系统(BDS)和美国 GPS、俄罗斯 GLONASS、欧盟 GALILEO,是联合国卫星导航委员会已认定的供应商。

北斗卫星导航系统由空间卫星、地面中心站和用户终端三部分组成,可为全球各类户提供全天候、高精度、高可靠的实时定位服务,其定位精度一般为几十米。若采用差分定位技术,重点地区定位精度可达 10 m 以内,测速精度优于 0.2 m/s,这与美国 GPS 系统定位水平基本接近。

随着北斗卫星导航系统建设和服务能力的发展,相关产品已广泛应用于交通运输、海洋渔业、水文监测、气象预报、测绘地理信息、森林防火、电力调度、救灾减灾、应急搜救等领域,逐步渗透到人类社会生产和人们生活的方方面面,为全球经济和社会发展注入新的活力。

2. 发展目标。

(1)满足国家安全与经济社会发展需求,为全球用户提供连续、稳定、可靠的服务;

(2)发展北斗产业,为社会经济发展和民生改善提供服务;

(3)深化国际合作,共享卫星导航发展成果,提高全球卫星导航系统的综合应用效益。

3. 建设原则。

(1)自主。坚持自主建设、发展和运行北斗卫星导航系统,具备向全球用户独立提供卫星导航服务的能力。

(2)开放。免费提供公开的卫星导航服务,鼓励开展全方位、多层次、高水平的国际交流与合作。

(3)兼容。提倡与其他卫星导航系统开展兼容与交互操作,鼓励国际交流与合作,致力于为用户提供更好的服务。

(4)渐进。分步骤推进北斗系统建设,持续提升北斗系统服务性能,不断推动卫星导航产业全面、协调和可持续发展。

4. 基本组成。

北斗系统由空间段、地面段和用户段三部分组成:

(1)空间段。空间段由若干地球静止轨道卫星、倾斜地球同步轨道卫星和中圆地球轨道卫星组成。

(2)地面段。地面段包括主控站、时间同步/注入站和监测站等若干地面站,以及星间链路运行管理设施。

(3)用户段。用户段包括北斗及兼容其他卫星导航系统的芯片、模块、天线等基础产品,以及终端设备、应用系统与应用服务等。

5. 优势。

(1)有源定位及无源定位。有源定位指的是在定位过程中接收机须向卫星发送位置信息,无源定位接收机无需向卫星发送位置信息。在有源定位技术的支持下,只要有2颗卫星就能定位,而在无源定位情况下至少要有4颗卫星才能实现定位。在某些环境恶劣搜星情况不佳的条件下,有源技术的优越性就体现出来了。

(2)短报文通信服务。这个是中国独有的技术,短报文是指用户终端与卫星之间能够通过卫星信号进行双向的信息传递,适合用于紧急情况下的通信。2008年汶川大地震的时候,震区唯一的通信方式就是借助北斗一代系统来实现的。

(3)境内监控。北斗三号系统首创采用了Ka频段这种测量型的星间链路技术。这项技术使所有北斗卫星连成一个大网,每颗星之间可以"通话",可以测距,一星通、星星通,卫星的定位精度得以大幅度提高。另外各个卫星的星载原子钟之间可以同步走,提高了整个导航系统时间的同步精度。

(二)GPS

1. 简介。

GPS是全球定位系统(global positioning system)的缩写形式,它是一种基于卫星的定位系统,用于获得地理位置信息以及准确的通用协调时间。该系统由美国政府放置在轨道中的24颗卫星组成。GPS可提供精确度在10 m之内的导航。它可在任何天气条件下、在全球任何地方工作。另外,使用GPS无须支付定购费或安装费。该系统由美国政府运营,其精度和维护也完全由美国政府负责。GPS是由美国国防部研制建立的一种具有全方位、全天候、全时段、高精度的卫星导航系统,能为全球用户提供低成本、高精度的三维位置、速度和精确定时等导航信息,是卫星通信技术在导航领域的应用典范,它极大地提高了地球社会的信息化水平,有力地推动了数字经济的发展。

2. 应用。

(1)用于汽车自定位、跟踪调度,如车载导航系统;

(2)用于铁路运输管理,如列车、货物跟踪管理系统;

(3)用于军事物流,GPS最初是因为军事目的而建立的。

三、地理信息系统(GIS)

(一)简介

地理信息系统(geographic information system,GIS),是一种特定的十分重要的空间信息系统。它是在计算机软硬件支持下,把各种地理信息按照空间分布和属性以一定的格式输入、存储、检索、更新、显示、制图、综合分析和应用的技术系统。GIS以地理空间数据为基础,采用地理模型分析方法,适时地提供多种空间的、动态的地理信息,是一种为地理研究和地理决策服务的计算机技术系统。

(二)应用

1. 车辆路线模型。
2. 网络物流模型。
3. 分配集合模型。
4. 设施定位模型。

相关链接

GPS与GIS的区别

GPS,即全球定位系统(global positioning system),它是一个中距离圆形轨道导航卫星系统,可以为地球表面绝大部分地区提供准确的定位、测速和高精度的时间标准。该系统是通过太空中的24颗GPS卫星来完成的。仅仅需要其中3颗卫星,就能迅速确定您在地球上的位置。所能接收到的卫星信号越多,译码出来的位置就越精确。只需要在汽车上装一台车载终端就可以实现汽车定位,属于动态跟踪。

GIS,即地理信息系统(geographic information system),它是一种基于计算机的工具,它可以对在地球上存在的东西和发生的事件进行成图和分析。GIS技术把地图这种独特的视觉化效果和地理分析功能与一般的数据库操作(例如查询和统计分析等)集成在一起,属于静态跟踪。

思考与练习

【实训练习】

信息技术能否消除牛鞭效应?

"牛鞭效应"是经济学上的一个术语,指供应链上的一种需求变异放大现象。信息流从最终客户端向原始供应商端传递时,由于无法有效地实现信息共享,使得信息扭曲而逐级放大,导致需求信息出现越来越大的波动,此信息扭曲的放大作用在图形上很像一个甩起的牛鞭,因此被形象地称为牛鞭效应。

有人说,信息技术是可以消除牛鞭效应的,如在企业内部采用ERP和APS系统,在企业间采用供应链管理(SCM)系统,运用Internet/EDI技术,开展电子商务,对各信息系统进行集成,实现企业间的业务数据集成和信息共享,应用供应链协同技术使供应链上下游企业间业务流程整合,协作开展业务,能有效地消除牛鞭效应。

此外,消除牛鞭效应最重要的因素是上下游企业间紧密的伙伴关系,只有在供需双方相互信任、利益共享和风险共担的基础上,才能公开各自的业务数据,共享信息和业务过程,也只有在企业达成这种伙伴关系的前提下,利用先进的信息技术和信息管理系统,才能有效地解决各种因素的影响,真正地消除牛鞭效应。

雀巢公司与家乐福公司在确立了亲密伙伴关系的基础上,采用各种信息技术,由雀巢公司为家乐福公司管理其生产产品的库存。

雀巢公司为此专门引进了一套供应商管理库存(vender management inventory,VMI)系统,家乐福公司及时为雀巢公司提供其产品销售的 POS 数据和库存情况,通过集成双方的管理信息系统,经由 Internet/EDI 交换信息,就能及时掌握客户的真实需求。为此,家乐福公司与雀巢公司形成以下约定:每天 9:30 以前,家乐福公司把货物售出与现有库存的信息用电子形式传送给雀巢公司;在 9:30—10:30,雀巢公司将收到的数据合并至供应链管理(SCM)系统中,并产生预估的订货需求,系统将此需求量传输到后端的 APS/ERP 系统中,依实际库存量计算出可行的订货量,产生建议订单;在 10:30,雀巢公司再将该建议订单用电子形式传送给家乐福公司;在 10:30—11:00,家乐福公司确认订单并对数量与产品项目进行必要的修改之后回传至雀巢公司;在 11:00—11:30,雀巢公司依照确认后的订单进行拣货与出货,并按照订单规定的时间交货。这样,由于及时地共享了信息,上游供应商对下游客户的需求了如指掌,无须再放大订货量,有效消除了牛鞭效应。

问题:信息技术能解决牛鞭效应问题吗?为什么?

【任务思考】

1. 描述一下配送中心是如何运用 EDI 技术完成配送任务的?
2. 北斗卫星导航系统、GPS、GIS 三者之间有什么区别?

任务三 信息处理技术

任务引入

信息处理技术是指用计算机技术处理信息。计算机运行速度极高,能自动处理大量的信息,并具有很高的精确度。

有信息就有信息处理。人类很早就出现了信息的记录、存储和传输,原始社会的"结绳记事"就是指以麻绳和筹码作为信息载体,用来记录和存储信息的。文字的创造,造纸术和印刷术的发明是信息处理的第一次巨大飞跃,计算机的出现和普遍使用则是信息处理的第二次巨大飞跃。

任务分析

【主要内容】信息处理技术包括 EOS、POS、物联网、云计算、大数据技术等。

一、电子自动订货系统(EOS)

(一)概述

电子自动订货系统(EOS)是指企业间利用通信网络(VAN 或互联网)和终端设备,以在线连接(online)的方式进行订货作业和订货信息交换的系统。EOS 涵盖了整个商流。

(二)分类

EOS 系统分为以下三类:

1. 企业内的 EOS 系统(连锁总部与分店之间);
2. 零售商与批发商之间的 EOS 系统;
3. 零售商、批发商和生产商之间的 EOS 系统。

(三)EOS 系统基本流程

1. 在零售的终端利用条码阅读器获取准备采购的商品条码,并在终端机上输入订货种类。
2. 由批发商开出发票,并根据传票开出提货单,实施提货,然后依据送货传票进行商品发货。
3. 零售商根据送货传票上的资料形成应付账款资料,批发商根据送货传票上的资料形成应收账款资料。
4. 将上一步得到的资料接到应收账款的系统中去。
5. 零售商对送到货物进行检验后,陈列与销售货物。

二、销售时点信息系统(POS)

(一)概述

销售时点信息系统(POS)是指利用光学式自动读取设备,按照商品的最小类别读取实时销售信息以及采购、配送等阶段产生的各种信息,并通过通信网络和计算机系统传送至有关部门进行分析加工处理,各部门根据各自的目的有效利用上述信息以提高经营效率的系统。该系统在销售的同时,采集每一种商品的销售信息并传送给计算机,计算机通过对销售、库存、进货和配送等信息的处理和加工,为企业进、销、存提供决策依据。

(二)组成

销售时点系统是一种商品销售信息系统。在商品销售过程中,采用自动读取设备直接读取商品名称、单价、销售数量、销售时间等销售信息,并通过计算机网络传送至有关部门,以便进行库存分析,确定配送方案,调整各环节库存量,从而提高经营效率。POS 系统包含前台 POS 系统和后台 MIS 系统两大基本部分:

1. 前台 POS 系统是指通过自动读取设备(如收银机)、通信网络和计算机系统将信息传送至后台 MIS。

2. 后台 MIS 又叫管理信息系统,负责整个商场的进、销、调、存管理及财务、考勤管理。

POS 最早应用于零售业,之后逐渐扩展到金融、旅馆等服务行业,利用 POS 信息的范围也从企业内部扩展到整个供应链。

(三)运行步骤

1. 贴条形码;
2. 收银员扫描;
3. 通过 VAN 互连;
4. 指导总部、物流中心和各店铺决策;
5. 指导生产和销售(CRP)。

(四)特征

1. 单品管理、职工管理和顾客管理;
2. 自动读取销售时点的信息;
3. 信息的集中管理;
4. 连接供应链的有力工具(CFAR)。

三、物联网技术

(一)物联网发展概述

顾名思义,物联网(internet of things,IoT)就是物物相连的互联网。物联网的概念由美国麻省理工学院(MIT)的 Kevin Ashton 教授于 1991 年首次提出。我国物联网技术及应用发展迅速,2011 年 11 月,我国政府发布"物联网十二五发展规划",规划中圈定九大领域重点示范工程,分别是智能工业、智能农业、智能物流、智能交通、智能电网、智能环保、智能安防、智能医疗、智能家居。

国际电信联盟(ITU)发布的 ITU 互联网报告,对物联网做了如下定义:通过二维码识读设备、射频识别(RFID)装置、红外感应器、全球卫星定位系统(GPS)和激光扫描器等信息传感设备,按约定的协议,把任何物品与互联网相连接,进行信息交换和通信,以实现智能化识别、定位、跟踪、监控和管理的一种网络。

狭义的物联网指连接物品和物品的网络,实现物品的智能化识别和管理。广义的物联网指信息空间与物理空间的融合,将一切事物数字化、网络化,在物品之间、物品与人之间、人与现实环境之间实现高效信息交互的网络。

物联网是指人们根据信息采集需要(任何需要监控、连接、互动的物体或过程),利用各种信息传感设备,如传感器、射频识别技术(RFID)、全球卫星定位系统(GPS)、红外感应器、激光扫描器、气体传感器等各种装置与技术,采集其声、光、电、力学、化学、生物、位置等各种需要的信息,形成的一个巨大的人与计算机结合的网络。在这个网络中,物品能够彼此进行自主"交流",而无须人的干预。其实质是利用 RFID 技术,通过计算机互联网实现物品的自动识别和信息的互联与共享。其目的是实现物与物、物与人,乃至所有的物品与网络的连接,方便识别、管理和控制。

可见,物联网是新一代信息技术的重要组成部分,包含两层意思:第一,物联网的核心和基础仍然是互联网,是在互联网基础上延伸和扩展的网络;第二,其用户端可以延伸和扩展到任何物品与物品之间,进行信息交换和通信。物联网可以分为三层:感知层、网络层、应用层。

1. 感知层。

感知层主要是识别物体、采集信息,与人体结构中的皮肤和五官的作用相似,包括条码、RFID、摄像头、GPS、各类传感器等。

2. 网络层。

网络层的作用是传递和处理感知层获取的信息,类似人体的神经中枢和大脑,包括通信与互联网的融合网络、智能处理中心等。

3. 应用层。

在应用层,物联网与行业专业技术深度融合,与行业需求结合,实现行业智能化,类似于人类的社会分工。

(二)物联网应用

物联网是继计算机、互联网和移动通信之后的又一次信息产业的革命性发展。物联网被正式列为国家重点发展的战略性新兴产业之一。物联网产业具有产业链长、涉及多个产业群的特点,其应用范围几乎覆盖了各行各业,比如智能家居、环境监测、国防军事、智能交通、防灾减灾、医疗监护、工业监测,等等。将物联网核心技术RFID应用到食品溯源管理中,构建的肉类源头追溯系统是物联网工程的典型案例:从2003年开始,中国已开始将先进的RFID技术运用于现代化的动物养殖加工企业,开发出了RFID实时生产监控管理系统。该系统能够实时监控生产的全过程,自动、实时、准确地采集主要生产工序与卫生检验、检疫等关键环节的有关数据,较好地满足质量监管要求,过去市场上常出现的肉质问题得到了妥善的解决。此外,政府监管部门可以通过该系统有效地监控产品质量安全,及时追踪、追溯问题产品的源头及流向,规范肉食品企业的生产操作过程,从而有效地提高肉食品的质量安全。

四、云计算技术

如果你有一个很好的商业创意,但缺乏资金,比如你想为一个客户设计一个物流园区,其中包括仓储区、区内运输路线、各类服务设施。设计这项工作时需要许多资源,包括仓储布局规划设计软件、运输路线设计软件、CRM软件、成本分析软件、项目管理软件等,以及处理这项设计操作相匹配的CPU处理能力、所有信息的数据存储和备份存储。通常,做这些工作需要很多的设备支持,但你可能仅有一台笔记本计算机或智能手机,这些根本无法提供完成这项工作处理所需要的所有支持力。这时云计算能帮助你解决这个问题。你可以在主要的云系统运营商网站上建立一个个人账户,并通过计算机登录云系统,支付云服务费用即可获得相应的云服务。你可以获取并使用所有需要的软件(SaaS),可以存储一切信息(IaaS),提出系统开发要求并接受服务(PaaS)等。

(一)云计算内涵

1. 概念。

云计算(cloud computing)是分布式计算的一种,指的是通过网络云将巨大的数据计算处理程序分解成无数个小程序,然后,通过多部服务器组成的系统对这些小程序进行处理和分析,最后将得到的结果返回给用户。简单地说,云计算早期就是简单的分布式计算,解决任务分发,并进行计算结果的合并。因而,云计算又称为网格计算。通过这项技术,可以在很短的时间内(几秒钟)完成对数以万计的数据的处理,因而能提供完善的网络服务。

云计算由一系列可以动态升级和被虚拟化的资源组成,这些资源被所有云计算的用户共享并且可以方便地通过网络访问,用户无须掌握云计算的技术,只需要按照个人或者团体的需要租赁云计算的资源。

2018年,国家权威部门对云计算的定义如下:由位于网络中央的一组服务器把其计算、存储、数据等资源以服务的形式提供给请求者,以完成信息处理任务的方法和过程。在此过程中,被服务者只是提供需求并获取服务结果,对于需求被服务的过程并不知情。

美国国家标准与技术研究院(NIST)定义云计算是一种按使用量付费的模式,这种模式提供可用的、便捷的、按需的网络访问,进入可配置的计算资源共享池(资源包括网络、服务器、存储、应用软件、服务),只需投入很少的管理工作,或与服务供应商进行很少的交互,这些资源就能够被快速提供。

云计算是一种技术模式,在这种模式中,任何一种资源——应用软件、处理能力、数据存储、备份设备、开发工具,都是作为一组服务通过因特网来传递的,如图6.7所示。只需要一台普通网络终端(如简易台式计算机、智能手机等)、网络接入和网络流量支付卡,就可以实施云计算服务了。

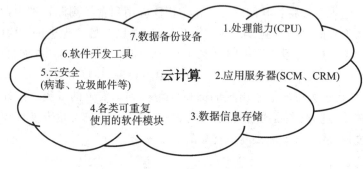

图6.7 云计算示意图

2.特征。

(1)较低的费用支出。用户不必购买所需的硬件或者软件资源,云计算提供了最可靠、最安全的数据存储和计算功能,用户只为自己需要和使用的资源付费即可。

(2)进入门槛低。云计算系统可以降低进入高技术投入市场的门槛,对用户端的设备要求低,使用起来也方便。

(3)能及时获得大量的应用软件。云计算可以轻松、快速地获得各类所需软件,如ERP、SCM、CRM等,实现不同设备间的数据与应用共享,同样,用户需要付费。

(4)实时可扩展性好。可以随时增加或减少任何一种应用方式,云计算为我们使用网络提供了无限多的可能。

(二)云服务形式

云计算可以认为包括以下几个层次的服务:基础设施即服务(IaaS)、软件即服务(SaaS)和平台即服务(PaaS)。

1.基础设施即服务(infrastructure as a service,IaaS)。

消费者通过因特网可以从完善的计算机基础设施中获得服务。IaaS通过网络向用户提供计算机(物理机和虚拟机)、存储空间、网络连接、负载均衡和防火墙等基本计算资源;用户在此基础上部署和运行各种软件,包括操作系统和应用程序。

2. 软件即服务(software as a service,SaaS)。

它是一种通过因特网提供软件的模式,用户无须购买软件,而是向提供商租用基于 Web 的软件,来管理企业经营活动。云提供商在云端安装和运行应用软件,云用户通过云客户端(通常是 Web 浏览器)使用软件。云用户不能管理应用软件运行的基础设施和平台,只能做有限的应用程序设置。

3. 平台即服务(platform as a service,PaaS)。

PaaS 实际上是指将软件研发的平台作为一种服务,以 SaaS 的模式提交给用户。因此,PaaS 也是 SaaS 模式的一种应用。但是,PaaS 的出现可以加快 SaaS 的发展,尤其是加快 SaaS 应用的开发速度。平台通常包括操作系统、编程语言的运行环境、数据库和 Web 服务器,用户在此平台上部署和运行自己的应用。用户不能管理和控制底层的基础设施,只能控制自己部署的应用。

(三)云物流

云物流是云计算在物流行业的应用服务,即云计算派生出云物流。云物流利用云计算的强大通信能力、运算能力和匹配能力,集成众多的物流用户的需求,形成物流需求信息集成平台。用户利用这一平台,最大限度地简化应用过程,实现所有信息的交换、处理、传递,用户只需专心管理物流业务。同时,云物流还可以整合零散的物流资源,实现物流效益最大化。

从长远看,云物流具有广阔的发展前景。计算机的信息系统不仅支撑起物流系统的运营,发挥物流系统中枢神经的作用,而且在充分利用云计算的基础上,云物流有可能使物流的许多功能发生质的变化。

五、大数据技术

众所周知,2009 年出现了一种甲型 H1N1 流感病毒,全球担心可能会暴发大规模流感,必须提前防范和预测流感发生源。维克托在其著作《大数据时代》中介绍谷歌有一个可以预测流感趋势的模型,它通过跟踪用户搜索词相关数据来判断全美地区的流感情况(比如患者会搜索流感两个字)。其工作原理大致是这样的:设计人员置入了一些关键词(比如温度计、流感症状、肌肉疼痛、胸闷等),只要用户输入这些关键词,系统就会展开跟踪分析,创建地区流感图表和流感地图。因为患者一旦自觉有流感症状,在上网搜索和去医院就诊这两件事上,他通常会选择前者。大数据技术对于健康服务产业和流行病专家来说是非常有用的,因为它的时效性极强,能够帮助人们跟踪和处理疾病的暴发。所以,2009 年甲型 H1N1 流感暴发的时候,与习惯性滞后的官方数据相比,谷歌成为一个更有效、更及时的指示器。谷歌的方法不需要和医生联系确认,而是建立在大数据基础上的,是一种前所未有的方式,通过对海量数据进行分析,获得有巨大价值的产品和服务。

早在 1980 年,著名未来学家阿尔文·托夫勒便在《第三次浪潮》一书中,将大数据赞颂为"第三次浪潮的华彩乐章"。不过,大约从 2009 年开始,大数据才成为互联网信息技术行业的流行词汇。2012 年 3 月 22 日,美国政府宣布投资 2 亿美元拉动大数据相关产业发展,将"大数据战略"上升为国家战略。美国政府甚至将大数据定义为"未来的新石油"。2013 年 5 月 10 日,阿里巴巴集团董事局主席马云在淘宝十周年晚会上做卸任前的演讲,马云说,大家还没搞清 PC 时代的时候,移动互联网来了,还没搞清移动互联网的时候,大数据时代来了。

连锁企业物流配送管理实务

（一）大数据内涵

1. 大数据概念。

对于"大数据"这样的新生名词，国际上还没有统一的定义。2019年，我国科学出版社出版的《图书馆·情报与文献学名词》做了这样的定义：大数据是具有数量巨大、变化速度快、类型多样和价值密度低等主要特征的数据，是一种具有重要战略意义的信息资源。大数据是随着数据生产方式的变化发展而出现的，无法使用传统流程或工具进行分析处理。大数据的重要应用领域之一是发现规律和预测未来。

2. 大数据特点。

物联网、云计算、移动互联网、车联网、手机、平板、计算机以及遍布地球各个角落的各种各样的传感器，无一不是大数据的来源。大数据与过去的海量数据有所区别，其基本特征可以用4V来总结（volume、variety、value 和 velocity），即体量大、多样性、价值密度低、速度快。

（1）数据体量巨大。非结构化数据超大规模和快速增长，从 TB 级别，跃升到 PB 级别。计算机最小基本单位是 Byte，按顺序给出所有单位：bit、Byte、KB、MB、GB、TB、PB、EB、ZB、YB、NB、DB，它们按照进率1024（2的10次方）来计算。

（2）数据类型繁多。大数据的异构和多样性，如网络日志、视频、图片、地理位置信息，等等。

（3）价值密度低。以视频为例，在连续不间断监控过程中，可能有用的数据仅仅有一两秒，需要进行深度复杂分析。

（4）处理速度快。实时分析而不是批量分析，注重事前立竿见影而非事后见效。这一点也是区别于传统的数据挖掘技术的本质特点。

（二）大数据分析技术

大数据技术的战略意义不在于掌握庞大的数据信息，而在于对这些含有意义的数据进行专业化处理。换言之，如果把大数据比作一种产业，那么这种产业实现盈利的关键，在于提高对数据的"加工能力"，通过"加工"实现数据的"增值"。从某种程度上说，大数据是数据分析的前沿技术。简言之，从各种各样类型的数据中，快速获得有价值信息的能力，就是大数据技术。

1. 可视化分析（analytic visualizations）。

数据可视化无论对于普通用户还是对于数据分析专家，都是最基本的功能。可视化分析能够直观地呈现大数据特点，同时能够非常容易地被读者接受。

2. 数据挖掘算法（data mining algorithms）。

图像化是将机器语言翻译给人看，而数据挖掘就是机器的母语。各种数据挖掘的算法基于不同的数据类型和格式才能更加科学地呈现出数据本身具备的特点，也正是这些被全世界统计学家公认的统计方法让我们能精炼数据、挖掘数据价值。这些算法一定要能够应付大数据的量，同时还具有很高的处理速度。

3. 预测分析能力（predictive analytic capabilities）。

数据挖掘可以让分析人员对数据承载信息更快更好地消化理解，从大数据中挖掘出特点，建立科学模型，进而提升判断的准确性。预测性分析可以让我们根据图像化分析和数据挖掘的结果做出一些前瞻性判断。

4. 语义引擎（semantic engines）。

非结构化数据的多元化给数据分析带来新的挑战，我们需要一套工具系统地去分析、提炼数据。语义引擎需要引入人工智能以从数据中主动地提取信息。

5.数据质量和数据管理(data quality and master data management)。

大数据分析离不开数据质量和数据管理,高质量的数据和有效的数据管理,无论是在学术研究领域还是在商业应用领域,都能够保证分析结果的真实性。

(三)大数据发展与应对

事实上,全球互联网巨头都已意识到了大数据时代,意识到了数据的重要意义。包括EMC、惠普、IBM、微软在内的全球IT巨头纷纷通过收购大数据相关厂商来实现技术整合,亦可见其对大数据的重视。

借着大数据时代的热潮,微软公司生产了一款数据驱动的软件,可以为工程建设节约资源提高效率。这款软件通过跟踪取暖器、空调、风扇以及灯光等积累下来的超大量数据,捕捉如何杜绝能源浪费的信息。专注于智能建筑的微软史密斯研究团队表示:"给我提供一些数据,我就能做一些改变。如果给我提供所有数据,我就能拯救世界。"

在2011年12月8日工信部发布的物联网"十二五"规划上,信息处理技术作为四项关键技术创新工程之一被提出来,其中包括了海量数据存储、数据挖掘、图像视频智能分析,这都是大数据的重要组成部分。另外三项关键技术创新工程,包括信息感知技术、信息传输技术、信息安全技术,都与大数据密切相关。

相关链接

配送信息管理的发展历程

1.人工阶段。

人工阶段包括人工制表、人工数字汇总、人工转账、简单管理。

2.计算机化阶段。

计算机化阶段包括作业、报表单据的合理化、标准化,计算机制表和汇总统计,计算机过账,计算机提供各项管理报表,计算机相互独立并建立各自数据库。

3.自动化信息集成阶段。

自动化信息集成阶段包括计算机软硬件集成;建立数据库管理系统;计算机在不同作业系统中自动转账;计算机统计分析并制定各种决策;配送中心各系统对外联网接收、储存外来数据,进行数据转换并将数据输出。

4.智能化信息集成阶段。

智能化信息集成阶段包括引入人工智能技术,引入专家系统,经营决策计算机化。

思考与练习

【实训练习】

阿里巴巴零售通如意POS定制

阿里巴巴零售通是阿里巴巴B2B事业群针对线下零售小店推出的一个为城市社区零售店提供订货、物流、营销、增值服务等的互联网一站式进货平台,实现互联网对线下零售业的升级,同时也为有志于线上线下零售业的创业群体提供创业平台。

随着科技的发展,在数字化的今天,传统的小店/夫妻店慢慢陷入了困境,归根结底在于传统的业务模式已经远远落后于新零售业的发展,亟待数字化转型升级,以适应新的消费需求。

为了满足国内 600 多万家小店的数字化转型升级需求,阿里巴巴零售通帮助商户打破了经营空间的限制,并通过数字化经营指导为门店提供更精准的消费者画像。店主可轻松了解周边目标消费者和到店消费者的消费偏好,提供更有针对性的服务。

根据阿里巴巴零售通对收银机的需求,广州天波信息技术有限公司为其量身定制了第四代零售通如意 POS。第四代零售通如意 POS 采用蓝白配色,双面高清触控大屏,商用级别的芯片,集成了小票打印机以满足小店打印和外卖订单的需求,还搭载了金融级别的摄像头,支持刷脸支付。

如意 POS 为零售小店提供一整套多元化数字化的营销解决方案,通过阿里巴巴大数据让小店更好地了解消费者,实现智慧经营,为消费者提供更多到店体验的场景和优惠。

问题:说明在数字化的今天,传统的小店/夫妻店如何摆脱传统的业务模式带来的困境?

【任务思考】

1. 连锁企业物流配送识别技术有哪些?
2. 连锁企业物流配送传输技术有哪些?
3. 连锁企业物流配送处理技术有哪些?

项 目 小 结

本项目从三个方面介绍了连锁企业物流配送中心信息技术。连锁企业要想做好物流配送工作,需要结合本企业自身实际,研究和采用信息识别技术、信息传输技术和信息处理技术。

项目7　连锁企业物流配送成本控制

项目目标

1. 掌握配送成本的构成,掌握配送中心成本控制的内容和措施。
2. 熟悉配送成本的含义。
3. 了解配送成本与配送服务之间的关系。
4. 学会对配送成本进行分类。
5. 能够进行配送成本核算与控制。

任务一　配送成本核算

 任务引入

　　配送成本管理就是对配送过程中相关费用进行的计划、协调与控制,包括在包装、装卸、运输、储存、流通加工等各个活动中支出的人力、财力和物力的总和。

　　配送成本是指在配送中心运营过程中各活动的成本,这些成本和费用是配送中心运营过程中所消耗的各种活劳动和物化劳动的货币表现,既是物流成本的主体,也是企业成本的重要组成部分。配送中心是配送活动的组织者,也是从事配送作业活动的经营者,成本的高低关系配送活动组织的成功与否,也关系配送中心经济效果的高低。根据连锁企业物流配送中心选址,以及物流配送中心的职能划分情况具体考虑,结合对这些成本的核算和统筹管理,通过成本差异分析发现配送中心运营过程中的问题,进而提出解决问题的方法,优化连锁企业物流配送中心的运作成本。在整个物流过程中,最昂贵的就是运输部分,所以沃尔玛百货有限公司在设置新卖场时,尽量以其现有配送中心为出发点,一般将卖场设在配送中心周围,以缩短送货时间,降低送货成本。沃尔玛在物流方面的投资,也非常集中地用于物流配送中心建设。

任务分析

【主要内容】连锁企业物流配送成本核算包括配送成本的特性分析、配送成本分类、配送成本构成、配送成本管理的作用、影响成本管理的因素、配送成本的核算方法等。

一、配送成本的特性分析

(一)配送成本的隐蔽性

日本早稻田大学西泽修教授提出了著名的"物流成本冰山说",其含义是人们对物流成本费用的总体内容并不掌握,提起物流费用大家只看到露出海水上面的冰山一角,而潜藏在海水里的冰山却看不见,事实上海水中的冰山才是物流费用的主体部分。他透彻地阐述了物流成本的难以识别性。同样,要想直接从企业的财务中完整地提取出企业发生的配送成本也是难以办到的。例如,通常的财务会计通过"销售费用、管理费用"科目可以看出部分配送成本的情况,但这些科目反映的费用仅仅是全部配送成本的一部分,即企业对外支付的配送费用,而且这一部分费用往往是混同在其他有关费用中,而不是单独设立"配送费用"科目进行独立核算。因此,配送成本确实犹如一座海里的冰山,露出水面的仅是冰山一角。

(二)配送成本削减的乘法效应

配送成本削减具有乘法效应,配送成本的减少可以显著增加企业的效益与利润。

(三)配送成本的效益背反

效益背反是指同一资源的两个方面处于相互矛盾的关系时,要达到一个目的必然要损失一部分另一个目的;要追求一方,必得舍弃另一方的一种状态。这种状态在配送活动之间也是存在的。譬如,尽量减少库存据点以及库存,必然引起库存补充频繁,从而增加了运输次数,同时,仓库的减少,会导致配送距离延长,运输费用进一步增大。如果运输费的增加超过保管费的降低部分,总成本反而会增加,这样减少库存据点及库存就变得毫无意义。

(四)配送成本与服务水平的背反

高水平的配送服务是由高的配送成本来保证的,企业很难既提高配送服务水平,又降低配送成本,除非有较大的技术进步。要想超过竞争对手,提出并维持更高的服务标准就需要有更多的投入,因此一个企业在做出这种决定时必须经过仔细研究和对比。

(五)配送系统各功能活动的效益背反

配送系统的各项活动处于一个相互矛盾的系统中,要想较多地达到某个方面的目的,必然会使另一方面受到一定的损失。在物流活动中,一种功能成本的削减会使另一种功能成本增加,也就是说出现了此消彼长的现象。如果成本的两个方面处于相互矛盾的关系之中,想要较多地达到其中某一方面的目的,必然使另一方面的目的受到部分损失。

(六)配送成本的不可控性

许多配送成本是物流管理部门不可控制的,例如保管费用包括了由于过多进货或过多生产而造成积压的库存费用,以及紧急运输等例外发货的费用。这些费用都是物流部门不能控制的。

二、配送成本分类

随着物流业的不断发展与完善,到目前,物流配送中心运营过程中涉及的成本,可以按照不同的方式来分类核算,不同类型的企业主体可按照实际情况来划分配送成本。

(一)按支付形态分类

按支付形态不同来划分配送中心成本,主要是以财物会计中发生的费用为基础,通过乘以一定比率来加以核算,此时,配送中心成本可分为以下几种:

1. 材料费。

材料费是指因物料消耗而发生的费用。

2. 人工费。

人工费是指因人工消耗而发生的费用。

3. 公益费。

公益费是指向电力、煤气、自来水公司等提供公益服务的部门支付的费用。

4. 维护费。

维护费是指土地、建筑物、机械设备、车辆搬运工具等固定资产因使用、运转和维修保养而产生的费用。

5. 一般经费。

一般经费是指差旅费、交通费、资料费等费用。

6. 特别经费。

特别经费是指按实际使用年限计算的折旧费和企业内利息等。

7. 对外委托费。

对外委托费是指企业对外支付的包装费、运费、保管费、出入库装卸费、手续费等业务费用。

8. 其他企业支付费用。

其他企业支付费用是指以本期发生购进时和发生销售时其他企业支付的跟配送有关的费用。

(二)按配送功能分类

按支付形态进行配送中心成本分析,虽然可以得出总额,但不能充分说明配送的重要性。若想降低配送费用,就应把这个总额按照其实现的功能进行详细的区分,以便掌握配送的实际状态,了解在哪个环节上有浪费,达到有针对性地按不同的功能来计算配送成本的目的,实现对配送成本的控制。但作为管理者还希望分别掌握由不同的产品、地区、顾客产生的配送成本,以便对未来发展做出决策,这就需要按适用对象来计算配送成本。

配送成本主要包括:

1. 物品的流通费。

物品的流通费是指为了完成配送过程中商品、物资的物理性流动而发生的费用。

2. 信息流通费。

信息流通费是指因处理、传输有关配送信息而产生的费用,包括与储存管理、订货处理、顾客服务有关的费用。

3.配送管理费。

配送管理费是指进行配送计划、调整、控制所需要的费用,包括作业现场的管理费和企业有关管理部门的管理费。

三、配送成本构成

配送成本的构成,主要分为两大块:

(一)仓储成本

仓储成本包括存货成本、保管成本与装卸搬运有关的成本。

(二)配送成本

配送成本包括配送运输费用、分拣费用、配装费用、流通加工费用。

四、配送成本管理的作用

成本管理的作用可以从五个方面来度量,分别为:成本是补偿生产耗费的尺度、成本是制定产品价格的基础、成本是计算企业盈亏的依据、成本是企业进行决策的依据、成本是综合反映企业工作业绩的重要指标。不仅如此,成本还是连锁企业实现目标利润的保证,还能够帮助提高产品的竞争力,是企业永续经营的前提。企业经营的目的是创造更多利润,所以成本管理的好坏,会影响利润的多少。对于连锁企业来讲,做好配送中心的成本管理,就能够实现物流成本的合理投入,实现企业的利润最大化。

五、影响配送成本管理的因素

配送成本的高低受多种因素的影响,有配送管理的因素、配送货物自身的因素、市场因素等。

(一)配送管理的因素

1.配送满足率。

配送满足率是指配送中心的取货量占顾客所需要的货物数量的比率。如果配送满足率高,配送中心可以一次性、大批量地进行配送,配送满足率低,则需要分次进行配送,对不足的货物还需要花费另外的时间和车辆进行配送,这些额外的工作同样也会增加配送成本。配送中心还可能因缺货而失去客户。

2.配送周期。

配送持续时间的长短直接影响着配送成本的高低,如果配送效率低下,对配送中心的占用时间长,就会耗用更多的仓储固定成本。而这种成本往往表现为机会成本,使得配送中心不能提供其他配送服务获得收益或者在其他配送服务上需要另外增加成本。

3.配送工具。

不同的配送工具,其成本高低不同,运输能力也不同。运输工具的选择,一方面取决于所运货物的体积、重量及价值大小,另一方面又取决于企业对所运货物的需求程度及工艺要求,因此,选择运输工具既要保证客户的需求,又要力求配送成本最低。

4.配送物的数量、重量。

数量和重量增加虽然会使配送作业量增大,但大批量的作业往往使得配送效率提高。配送的数量和重量是配送企业获得折扣的理由。单件、小批量的配送不仅不能体现配送的优势,而且由于单位固定成本较高,因此其配送成本相对也较高。

(二)配送货物自身的因素

1. 配送货物的价值。

从物流配送管理方面来说,配送货物的价值是影响配送成本的重要因素之一。随着配送货物价值的增高,物流活动的成本也将随之增大。一般来说,运送费用在一定程度上是货物移动风险的直接反映。所以,配送货物的价值越大,其必然对运输工具的要求越高,分拣、流通以及运送所需要的配送成本也势必增加。

2. 配送货物的频率以及密度。

配送货物的频率、密度越大,相同运输单位所装载的货物便越多,由此,运输成本就会降低,反之亦然。

3. 货物的易碎性。

货物的易碎性也是影响运输成本的重要因素之一。易碎性的物品,在配送的过程中对包装、储存以及运输等作业势必会提出更高的要求,其必然导致配送成本的增加。

4. 特殊要求的货物。

特殊要求的货物也是影响配送成本的因素之一。对于那些有特殊要求的货物,在运输的过程中势必与普通货物存在着明显的差别,其配送成本定然高于普通货物的配送。

(三)市场因素

1. 配送距离。

运输成本是构成配送成本的主要内容,距离则是影响运输成本的主要因素。距离越远,也就意味着运输成本越高;同时造成运输设备需要增加,送货员工需要增加。

2. 外部成本。

配送经营有时还需要使用配送企业以外的资源,而外部资源的使用成本是企业无法控制的,特别是一些垄断性的外部资源,配送企业在使用过程中都会增加额外的成本开支。

六、配送成本核算方法

传统的配送成本计算法造成了所谓的"物流成本冰山说"。一般情况下,企业会计科目中,只将支付给外部运输、仓库企业的费用列入成本,实际上这些费用在整个物流费用中犹如冰山一角。因为企业利用自己的车辆运输,利用自己的库房保管货物和由自己的工人进行包装、装卸等费用没有列入物流费用科目内,传统的会计方法没有全面显现各项物流费用,在确定、分类、分析和控制成本上都存在许多缺陷。

在现代生产的特点下,传统的物流成本计算法提供的物流成本信息失真,不利于进行科学的物流控制。现代生产的特点是生产经营活动复杂,产品品种结构多样,产品生产工艺多变,经常发生调整准备,使过去费用较少的订货作业、物料搬运、物流信息系统的维护等与产量无关的物流费用大大增加。在传统成本计算中,间接费用普遍采用与产量关联的计算方法,如将间接费用折算成直接工时、机器小时、材料耗用额等。这种计算方法使现代企业许多物流活动产生的费用处于失控状态,造成了大量的浪费和物流服务水平的下降。

（一）传统配送成本核算的不足

（1）传统会计方法不能满足物流一体化的要求，物流活动及其发生的许多费用常常是跨部门发生的，而传统的会计是将各种物流活动费用与其他活动费用混在一起归集为诸如工资折旧、租金等形态，这种归集方法不能确定运作的责任。

（2）传统会计科目的费用分配率存在着问题，从传统成本的各项费用剥离出物流费用，通常是按物流功能分离的，很难再根据个别活动来细分。

（二）会计方式的物流成本核算

基于传统配送成本核算存在的种种不足，配送中心成本核算采取了会计分目与统计相结合的核算方法，具体方法介绍如下：

1. 独立的物流成本核算。

对于每项物流业务，基层核算员根据原始凭证编制物流成本记账凭证，一式两份，一份连同原始凭证转交财务科，据此登记财务会计账户，另一份留基层成本员作为登记物流成本账户的依据。

2. 结合财务会计体系的物流成本核算。

这种方法把物流成本核算与企业财务会计和成本核算结合起来进行，即在产品成本计算的基础上增设一个"物流成本"科目，并按物流领域、物流功能分别设置二级、三级明细账，按费用形态设置专栏。

3. 采取物流成本二级账户核算形式。

这是指在不影响当前财务会计核算流程的前提下，通过在相应的成本费用账户下设置物流成本二级账户，进行独立的物流成本二级核算统计。

（三）统计方法的物流成本核算

统计方法的物流成本核算是指在不影响当前财务会计核算体系的基础上，通过对有关物流业务的原始凭证和单据进行再次的归类整理，对现行成本核算资料进行深度分析，从而抽出物流成本的部分，然后再按物流管理的要求和不同的物流成本核算对象对上述费用进行重新归类、分配、汇总，加工成物流管理所需的成本信息。

（四）会计和统计相结合的成本核算方法

将物流成本的一部分通过统计方式予以计算，另一部分则通过会计核算方式予以反映。这种做法既可以避免会计方法中过细的会计科目设置给企业会计工作增加过多负担，也弥补了统计方法得到的信息不够准确的缺点。

七、配送成本的核算

（一）仓储成本

仓储成本包括存货成本、保管成本、装卸搬运成本。在计算的过程中，对于存货成本的计算是重点。

1. 存货成本。

存货成本又包括取得成本、储存成本、缺货成本。

（1）取得成本是指为了取得某种存货而支出的成本。其又分为订货成本和购置成本。订货成本是指为组织采购存货而发生的费用,如办公费、差旅费、邮费、电报电话费、采购存货运输费等支出。订货成本中有一部分与订货次数无关,如常设采购机构的基本开支,称为订货的固定成本;另一部分与订货次数有关,如采购员差旅费、邮电费等,称为订货的变动成本。

$$订货成本＝订货的固定成本＋订货的变动成本$$

$$订货的变动成本＝每次订货的变动成本×存货年需要量/每次进货量$$

购置成本是指存货本身的价值,即存货的买价,是存货单价与数量的乘积。

$$取得成本＝订货成本＋购置成本＝订货的固定成本＋订货的变动成本＋购置成本$$

(2)储存成本是指存货在储存中发生的支出,包括存货占用资金所应计的利息、仓库费用、保险费用、存货破损、变质费用等。储存成本与保管成本中的内容有部分重合,所以在计算的时候应该针对存货的具体情况,选择合理类目来进行计算,以免出现重复计算,影响仓储成本计算的准确性。

$$储存成本＝储存的固定成本＋储存的变动成本$$

(3)缺货成本是指由于存货不足而造成的损失,如材料供应中断造成的损失,产成品库存短缺造成延迟发货的信誉损失及销售机会损失,材料缺货而采用替代材料的额外支出。缺货成本中有些是机会成本,只能大致估算。当企业允许缺货时,缺货成本随平均存货的减少而增加,是存货决策中的相关成本。

计算存货成本时常采用的方法有先进先出法、后入先出法、平均成本法。

2.保管成本。

保管成本包括人工费,材料费,折旧费,修理费,电力和燃、润料费,铁路线和码头租用费,货物仓储保险费,以及其他业务开支。这里要注意的是,与存货的储存成本名目一致的费用,比如保险费用等,计算一次即可,无须重复。

3.装卸搬运成本。

装卸搬运成本包括人工费、材料和动力耗费的低值易耗品费用、折旧费、修理费、租赁费、外付装卸搬运费、事故损失费、应由装卸搬运作业承担的管理费等间接成本。

(二)配送成本

配送成本是指在配送活动的备货、储存、分拣、配货、送货、送达服务及配送加工等环节中发生的各项费用的总和,是配送过程中消耗的各种活劳动和物化劳动的货币表现。

配送成本总额由配送各个环节的总成本组成,其计算公式为

$$配送成本＝配送运输成本＋分拣成本＋配装成本＋流通加工成本$$

在计算时,要避免相关成本的重复交叉计算。

1.配送运输成本。

配送运输成本是指配送车辆在完成配送货物过程中发生的各种车辆费用和配送间接费用。

(1)车辆费用是指从事配送运输生产所发生的费用,包括工资与职工福利费、燃料费、轮胎费、修理费、折旧费、养路费、公路运输管理费、车船使用费、事故损失及其他费用。

(2)配送间接费用是指配送中心运输管理部门为管理和组织配送运输生产而发生的各项管理费用和业务费用。

2.分拣成本。

分拣成本是指分拣机械及人工在完成货物分拣过程中所发生的各种费用。

(1)分拣直接费用包括职工工资、职工福利费、修理费、折旧费、其他费用。

(2)分拣间接费用是指配送中心分拣部门为管理和组织分拣生产所发生的各项管理费用和业务费用,包括分拣设备费用(含设备的折旧费和维修费)。

3.配装成本。

(1)配装材料费用。常见的配装材料有木材、纸、自然纤维、合成纤维、塑料等。这些包装材料功能不同,成本相差很大。

(2)配装辅助费用。除配装材料费用外,还有一些辅助性费用,如包装标记、标志的印刷、拴挂物费用等的支出。

(3)配装人工费用。这是指从事包装工作的工人及有关人员的工资、奖金、补贴等费用总和。

4.流通加工成本。

(1)流通加工设备费用。流通加工设备因流通加工形式不同而不同,购置这些设备所支出的费用,以流通加工费用的形式转移到被加工产品中。

(2)流通加工材料费用。这是指在流通加工过程中,投入的一些材料消耗所需要的费用,即流通加工材料费用。

(3)流通加工其他费用。这是指在流通加工过程中从事加工活动的管理人员、工人及有关人员的工资、奖金等费用的总和。

实际应用中,应该根据配送的具体流程归集成本,不同的配送模式,其成本构成差异较大。相同的配送模式下,由于配送物品的性质不同,其成本构成差异也较大。

(三)配送中心成本分析的主要指标

配送中心物流成本的全面分析:

1.单位销售额物流成本率。

$$单位销售额物流成本率=物流成本/销售额\times 100\%$$

2.单位营业费用物流成本率。

$$单位营业费用物流成本率=物流成本/(销售额+一般管理费)\times 100\%$$

3.物流职能成本率。

$$物流职能成本率=物流职能成本/物流总成本\times 100\%$$

(四)配送中心成本分析的详细指标

1.与运输、配送相关的指标。

(1)装载率。

$$装载率=实际载重量/标准载重量\times 100\%$$

(2)车辆开动率。

$$车辆开动率=月总开动次数/拥有台数\times 100\%$$

(3)运行周转率。

$$运行周转率=月总运行次数/拥有台数\times 100\%$$

(4)单位车辆月行驶里程。

$$单位车辆月行驶里程=月总行驶里程/拥有台数$$

(5)单位里程行驶费。

单位里程行驶费＝月实际行驶三费/月总行驶里程

行驶三费＝修理费＋内外胎费＋油料费

(6)单位运量运费。

单位运量运费＝运输费/运输总量

2.有关保管活动指标。

(1)仓库利用率。

仓库利用率＝存货面积/总面积×100%

(2)库存周转次数。

库存周转次数＝年出库金额(数量)/平均库存金额(数量)

＝年出库金额(数量)×2/(年初库存金额＋年末库存金额)

3.有关装卸活动指标。

(1)单位人时工作量。

单位人时工作量＝总工作量/装卸作业人时数

装卸作业人时数＝作业人数×作业时间

(2)装卸效率。

装卸效率＝标准装卸作业人时数/实际装卸作业人时数

(3)装卸设备开工率。

装卸设备开工率＝装卸设备实际开动时间/装卸设备标准开动时间

(4)单位工作量修理费。

单位工作量修理费＝装卸设备修理费/总工作量

(5)单位工作量装卸费。

单位工作量装卸费＝装卸费/总工作量

4.有关物流信息活动指标。

(1)物流信息处理率。

物流信息处理率＝实际物流信息处理数量(传票张数等)/标准物流信息处理数量(传票张数等)

(2)单位产品物流信息流通费。

单位产品物流信息流通费＝物流信息流通费/总产量

以上这些指标对于配送中心成本的核算,起到了极为有效的支持作用,能够保证核算过程的准确性和完整性。

相关链接

在美国沃尔玛超市(简称沃尔玛)里,其最醒目的标签是"天天低价"。沃尔玛以合理的利润率决定价格,"天天低价"的背后有一整套完善的物流管理系统,使沃尔玛保持最大销售量和低成本的存货周转。沃尔玛绕开中间环节直接从供货商进货,注意保护供货商的利益,共同降低成本。沃尔玛放弃了通行的直接送货到商店的方式,创建了集中管理的配送中心,配送中心负责商品的集中、筛选、包装和分拣工作。从沃尔玛商店用计算机发出订单,到商品补充完毕,平均只需2天。沃尔玛组建了自己的高效运输车队,实现了全美范围内的快速送货,使沃尔玛各分店即使只维持极少存货也能保持正常销售,大大节省存储空间和费用。沃尔玛通过自己的卫星通信系统,把供货商、配送中心和各分店紧密地连成一体,既提高了工作效率,也降低了成本,使得沃尔玛所售货物在价格上占有绝对优势。沃尔玛创始人山姆·沃尔顿有句话:"供应链制胜的关键是永远都要比对手更好地控制成本。"

思考与练习

【实训练习】

电视机的最佳运输方案

甲公司要从位于 S 市的工厂直接装运 500 台电视机送往位于 T 市的一个批发中心,货物价值 150 万元。T 市的批发中心确定这批货物的标准运输时间为 2.5 天,如果超出标准时间,每台电视机每天的机会成本是 30 元。甲公司的物流经理设计了下述三个物流方案:

方案一:

A 公司是一家长途货物运输企业,可以按照优惠费率每公里 0.05 元/台来运送这批电视机,装卸费用为每台 0.1 元。已知 S 市到 T 市的公路运输里程为 1100 公里,估计需要 3 天(包括货物装卸时间)才可以运到。

方案二:

B 公司是一家水运企业,可以提供水陆联运服务,即先用汽车从甲公司的仓库将货物运至 S 市的码头(20 公里),再用船运至 T 市的码头(1200 公里),然后再用汽车将货物从码头运至批发中心(17 公里)。由于中转的过程中需要多次装卸,因此整个运输时间大约为 5 天。询价后得知,陆运运费为每公里 0.05 元/台,装卸费为每台 0.1 元,水运运费为每台 0.6 元。

方案三:

C 公司是一家物流企业,可以提供全方位的物流服务,报价为 22800 元。它承诺在标准时间内运到,准点的概率为 80%。

问题:请从成本角度评价这些运输方案的优劣。

【任务思考】

1. 简述配送成本的分类。
2. 配送成本的构成要素有哪些?
3. 配送成本核算包括哪几个方面?
4. 影响配送成本的因素有哪些?
5. 配送成本核算有哪些指标?
6. 简要介绍配送成本核算的方法。

任务二 配送中心成本和服务

任务引入

降低物流成本的关键在于物流的合理化,即把握好"增加物流功能""提高服务水平"和"降低物流成本"三者的关系。对于连锁企业来说,配送中心承担了绝大部分乃至全部的物流任务,因此其物流成本管理实际上是把连锁企业的利润目标具体化,做到物流合理化,这就要充分开发和利用配送中心服务的功能,全面进行配送中心成本控制,实现配送中心利润最大化。

配送中心所取得的利润收入绝大部分是通过降低配送过程中的成本费用来获得的,且需要和客户一起分享这一利润。因此配送中心成本控制不仅是配送中心考虑的内容,也是客户考虑的内容。因此,配送中心成本控制显得尤为重要。配送中心成本控制,是指在配送经营过程中,按照规定的标准调节影响成本的各种因素,把配送各环节生产耗费控制在预定的范围内。

任务分析

【**主要内容**】配送中心成本和服务包括配送中心成本控制的必要性、配送中心成本控制、配送中心成本控制策略与服务等内容。

一、配送中心成本控制的必要性

(一)配送中心成本控制的作用

1. 能够激发职工对配送成本控制的责任感。

建立配送成本控制责任制度,把配送成本按相关标准划分成经济责任,层层落实到部门、配送过程乃至个人,使配送成本信息处理及工作考核与各有关的配送成本控制指标紧密联系到一起,可以增强各部门、单位、个人的责任感,促进他们在各自的责权范围内对配送成本行使控制权,达到降低配送成本、提高企业经济效益的目的。

2. 加强企业管理部门对配送各部门的业绩考核监督。

配送成本控制使配送各部门、单位在明确责任权限之后有了考核业绩的指标,业绩好坏一目了然,能够有效地改变配送过程中职责不清、功过难分的现象。功过分明利于奖惩,能充分调动配送部门的积极性和创造性,达到控制配送成本的目的。

3. 能够节约资金并合理利用资金。

配送成本在企业成本中占有较大的比例,需要投入大量的人力、物力和财力,如果组织和处理不当,就会造成很大的损失和浪费。应把配送设备和配送活动看作一个系统,各配送要素同处于该系统之中,发挥着各自的功能和作用。努力提高配送效率,可以减少资金占用,缩短配送周期,减少储存费用,从而降低配送成本。

配送成本控制是配送成本管理的重要环节,它贯穿于整个配送过程。配送成本控制能够把事前配送成本预算和日常的配送成本控制有机结合起来,是加强配送成本管理、提高配送效率的重要手段。

(二)配送中心成本控制的必要性

在收入一定的前提下,配送成本的节约可以增加配送企业的利润。在利润空间越来越小的大环境下,配送企业开始对配送成本挖潜,通过较低的配送成本来取得竞争优势。配送成本是由多个环节的成本费用构成的,因此配送成本的控制也应该是多环节的成本控制,任何顾此失彼的控制都不是最优的。配送成本控制的目标就是使得配送成本最小化,但现实中配送企业存在的种种不合理的现象往往有悖于这个目标的实现。从另一个角度来分析,正是这些不合理现象的存在迫使配送企业要对配送成本进行控制,只有充分地认识到这些现象,并对症下药,才能有效控制配送成本。

(三)配送中心成本控制不合理的现象

1. 配送中心选址和布局不合理。

配送中心的选址和布局需要有战略的眼光,因为它不仅直接影响配送成本,还会影响运输成本、采购成本以及装卸搬运成本等。通常,物流企业对配送中心的选址布局是很慎重的,但部分物流企业急于快速地占领市场,对配送中心缺乏总体和长远的规划就匆匆地进行大规模的兴建,其结果往往是配送中心布局不合理,造成重复建设,增加了企业的成本。

2. 配送中心的库存策略不合理。

一般而言,配送中心的集中库存总量要小于各个分散的客户库存量的总和,这样才能体现配送中心在物流方面的优势,同时也可节约社会成本,降低各个分散客户负担的平均库存成本。由此可见,配送中心合理的库存策略无论对配送中心本身还是对配送中心所服务的客户,都是有利的。为此,配送中心应该通过科学的管理和统筹规划,实现较低的库存总量,充分发挥自身作为配送中心(物流结点)的优势。

3. 配送中心资源筹措不合理。

同上所述,配送中心的优势体现在通过筹措资源所产生的规模效益来降低自身的资源筹措成本,使得配送中心的资源筹措成本小于各个分散客户独自进行资源筹措的成本。这就要求配送中心要尽量集中多个客户进行一定规模的资源筹措,节约成本。

4. 配送价格不合理。

一般来说,为了使配送中心的客户有利可图,配送的价格应该低于客户独立完成物流活动的价格总和。配送价格过低,会使配送企业无利可图甚至亏损;配送价格过高,例如高于客户独立完成物流活动的价格,则客户无法接受。因此,配送中心要在自身的利益和客户的接受程度两者之间做出权衡,制定双方都能接受的配送价格标准。此外,配送价格的确定还要充分考虑同行的价格水平,做出横向比较。

二、配送中心成本控制

依照当前连锁企业物流配送中心业务运作的实际,联系配送中心成本构成的诸要素,将配送中心成本控制的内容,分成仓储成本控制、配送成本控制两个方面。

(一)仓储成本控制

仓储成本控制的重点是要做好存货的成本管理,存货成本管理常用的方法是 ABC 成本管理法。

1. ABC 成本管理法的基本原理。

ABC 成本管理法的基本原理是:按照成本控制的对象价值的不同或重要程度的不同,将库存物品分为三类,通常根据年耗用金额将库存物品分为 A、B、C 三类。不同类别的产品在仓库中的数量比例不同,所占的价值也不同,如表 7.1 所示。

2. ABC 分类的步骤。

首先,将物品按年耗用金额从大到小进行排序;

项目7 连锁企业物流配送成本控制

表 7.1　ABC 分类表

分类品种	A 类存货	B 类存货	C 类存货
品种占总品种数的比例	约 10%	约 20%	约 70%
价值占存货总价值的比例	约 70%	约 20%	约 10%

其次,计算各种物品占用资金额占全部库存占用资金额的百分比,并进行累计(或进行品种百分比累计);

最后,按照分类标准,选择断点进行分类,确定 A、B、C 三类物品。

3. ABC 分类法成本控制策略。

针对不同类别的存货,其库存控制策略是不同的。一般情况下,ABC 各类物品的库存控制策略如表 7.2 所示。

表 7.2　ABC 存货成本控制策略

存货类别	库存成本控制策略
A 类存货	严格控制存货成本,随时检查存货
B 类存货	一般控制存货成本,周期检查存货
C 类存货	随机控制

4. 经济批量模型成本控制。

经济批量模型成本控制是通过平衡订货成本和存储成本之间的关系,使库存总成本最小。这一模型的建立依赖于如下假设:

(1)企业一定时期的进货总量可以较为准确地预测;
(2)存货的流转比较均衡;
(3)存货的价格稳定,且不考虑商业折扣;
(4)进货日期完全由企业自行决定,并且采购不需要时间;
(5)仓储条件及所需现金不受限制;
(6)不允许出现缺货;
(7)所需存货市场供应充足,并能集中到货。

商品库存总成本包括订货成本和储存成本。订货量与订货成本、储存成本及库存总成本的关系如图 7.1 所示。

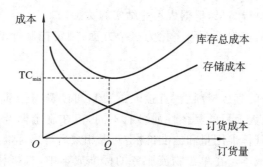

图 7.1　订货成本、存储成本与库存总成本关系

假设成本控制计划期为一年，D 代表年需求量；P 代表商品定购单价；Q 代表订货批量；H 代表年储存保管费率；C 代表每次订货成本；TC 代表年库存总成本。

计算公式如下：
$$TC = C \times D/Q + P \times H \times Q/2 + P \times D$$

式中：$C \times D/Q$——年订货成本；

$P \times H \times Q/2$——年存储成本；

$P \times D$——年购入成本。

利用微分求解最小年库存成本总额，得经济订货批量 EOQ 如下：
$$EOQ = \sqrt{2 \times \frac{D \times C}{P \times H}}$$

（二）配送成本控制

常用的配送成本控制方法是标准成本法。

1. 标准成本法的含义。

标准成本法将成本计算和成本控制结合，是一种包括制定标准成本、计算和分析成本差异、处理成本差异三个环节所组成的完整系统。

它以标准成本为基础，把成本的实际发生额区分为标准成本和成本差异两部分，并以成本差异为线索，进行分析研究，掌握差异的成因和责任，并及时采取有效措施消除不利的差异，实现对成本的有效控制。

标准成本法与产品成本计算的其他方法不同，其他成本计算方法计算出的产品成本是产品的实际成本，而标准成本法下的产品成本不是产品的实际成本，而是产品的标准成本。

2. 标准成本法的基本步骤。

实施标准成本法一般有以下几个步骤：

(1) 制定单位物流服务的标准成本；

(2) 根据实际产量和成本标准计算物流服务的标准成本；

(3) 汇总计算实际成本；

(4) 计算标准成本与实际成本的差异；

(5) 分析成本差异的发生原因，如果标准成本已纳入账簿体系，还要进行标准成本分析及其成本差异的账务处理；

(6) 向成本负责人提供控制报告；

(7) 评价成本目标的执行结果，根据成本业绩实施奖惩。

简单概括，配送成本的控制可以程序化为三个方面：制定控制标准、揭示成本差异、成本信息反馈。

3. 标准成本的制定。

标准成本由物流服务的直接材料费、直接人工费和间接费用三部分组成，通常分为变动成本与固定成本。尽管这三大项目的具体性质各有不同，但在制定标准成本时，无论是哪一个成本项目，都需要分别确定其标准用量和标准价格，两者相乘后得出标准成本。

(1) 直接材料的标准成本。在单位物流服务的标准成本中，直接材料标准成本是生产单位产品所需各种直接材料的标准用量同这些材料在正常情况下的价格的乘积之和。

配送各环节直接材料标准成本 ＝ 直接材料标准用量 × 直接材料标准价格

(2)直接人工的标准成本。直接人工的标准成本是单位物流服务所需消耗的各种人工的标准工时数同其相应的标准工时价格的乘积之和。

配送某环节直接人工的标准成本＝直接人工标准工时数×直接人工标准工时价格

(3)间接费用的标准成本(制造费用标准成本)。间接费用标准成本是单位物流服务标准工时数与事先确定的标准分配率的乘积。

固定性制造费用标准分配率＝固定性制造费用预算/标准总工时

变动性制造费用标准分配率＝变动性制造费用预算/标准总工时

根据制造费用用量和费用分配率标准,制造费用标准成本公式为

固定性制造费用标准成本＝固定性制造费用标准分配率×标准工时

变动性制造费用标准成本＝变动性制造费用标准分配率×标准工时

4.配送运输成本的核算分析。

物流配送企业月末应编制配送运输成本计算表,以反映配送总成本和单位成本,配送运输总成本是指成本计算期内成本计算对象的成本总额,即各个成本项目金额之和。单位成本是指成本计算期内各成本计算对象完成单位周转量的成本额。各成本计算对象计算的成本降低额,是指用该配送成本的上年度实际单位成本乘以本期实际周转量计算的总成本,减去本期实际总成本的金额。它是反映该配送运输成本由于成本降低所产生的节约金额的一项指标。

按各成本计算对象计算的成本降低率,是指该配送运输成本的降低额占上年度实际单位成本乘以本期实际周转量计算的总成本的百分比。它是反映该配送运输成本降低幅度的一项指标。其中,成本降低额和成本降低率的计算公式为

配送成本降低额＝配送车辆上年实际单位成本×本年配送实际周转量－本年配送实际成本

配送成本降低率＝配送成本降低额/(配送车辆上年实际单位成本×本年配送实际周转量)

对配送成本的控制就是在满足一定顾客服务水平与控制配送中心成本之间寻求平衡。在一定的配送成本下尽量提高顾客服务水平,或在一定的顾客服务水平下使配送成本最低。因此,选择合理的成本控制方法、合理的配送策略,推广使用现代化的信息技术有利于推进流通加工合理化。

三、配送中心成本控制策略与服务

(一)配送中心成本控制策略

配送中心是按用户的订货要求,在物流中心进行分货、配货工作,并将配好的货物送交收货人的活动。它是流通加工、整理、拣选、分类、配货、装配、运送等一系列活动的集合。通过配送,物流活动才能得以实现,而且,配送活动增加了产品价值,它有助于提高企业的竞争力。但完成配送活动是需要付出代价的,即需支出配送成本。因此需要合理地制定配送中心成本控制策略。

1.混合策略。

混合策略是指配送业务一部分由企业自身完成,即采用混合作业。合理安排企业自身完成的配送作业和外包给第三方完成的配送作业,能使配送成本最低。

2.差异化策略。

差异化策略的指导思想是:产品特征不同,顾客服务水平也不同,按照产品的特点、销售水

平,来设置不同的配送作业,即设置不同的库存、不同的配送方式及不同的储存地点。

3.合并策略。

合并策略包含两个层次,一是配送方法上的合并,另一个是共同配送。

(1)配送方法上的合并是指企业在安排车辆完成配送任务时,充分利用车辆的容积和载重量,做到满载满装。这是降低配送成本的重要途径。

(2)共同配送是一种战略层次上的共享,也称集中协作配送,其标准运作方式是:在中心机构的统一指挥和调度下,各配送主体以经营活动(或以资产为纽带)联合行动,在较大的区域内协调运作,共同对某一个或某几个客户提供系列化的配送服务。

4.延迟策略。

延迟策略的基本思想就是对产品的外观、形状及其生产、组装、配送应尽可能接到顾客订单后再确定。一旦接到订单就要快速反应,因此,采用延迟策略的一个基本前提是信息传递及时。

5.标准化策略。

标准化策略就是减少因品种多变而导致的附加配送成本,尽可能多地采用标准零部件、模块化产品。

(二)配送中心成本控制措施

配送中心成本控制可以从以下方面着手:

1.控制运输成本。

(1)减少运输环节。在组织运输时,对有条件直运的,应尽可能采取直达运输,由产地直运到销地或用户,减少二次运输。

(2)合理选择运输工具。在目前多种运输工具并存的情况下,必须注意根据不同货物的特点及对物流时效的要求,对运输工具所具有的特征进行综合评价,以便合理选择运输工具,并尽可能选择廉价的运输工具。

(3)制订最优运输计划,实行运输优化。在物流过程中,运输组织问题是很重要的,在企业到消费地的单位运费、运输距离以及各企业的生产能力和消费量都确定的情况下,可用线性规划技术来解决运输的组织问题;如果企业的生产量发生变化,生产费用函数是非线性的,就应使用非线性规划技术来解决。对于线性规划类型的运输问题,常用的方法有单纯法和表上作业法。

(4)注意运输方式。采用零担凑整、集装箱、捎脚回空运输等方法,能扩大每次运输批量,减少运输次数。采用合装整车运输是降低运输成本的有效途径,合装整车运输的基本做法有零担货物拼整车直达运输,零担货物拼整车接力直达或中转分运,整车分卸,整车零担等。

(5)提高货物装载量。改进商品包装,压缩轻泡的商品体积并积极改善车辆的装载技术和装载方法,尽量运输更多的货物。

2.控制仓储成本。

(1)优化仓库布局,减少库存点,削减不必要的固定费用。

(2)采用现代化库存计划技术来控制合理库存量。

(3)加强仓库内部管理,排除无用的库存,定期核查仓库中货品,将长期不用、过期、过时的货品及时上报清理。

(4)设置虚拟仓库和虚拟仓储。

3. 控制装卸搬运成本。

(1)对装卸搬运设施的合理选择。根据企业生产、销售发展计划,分析使用不同搬运设备的成本差异,结合财务合理定选用人力、机械化、自动化搬运设施。

(2)防止机械设备的无效作业。合理规划装卸方式和装卸作业过程。

4. 控制包装费用。

(1)选择包装材料时要进行经济分析。运用成本核算降低包装费用。

(2)努力实现包装尺寸的标准化、包装作业的机械化。

5. 控制配送成本。

(1)优化配送作业,降低配送成本。

(2)运用系统分析技术,选择合理的配送路线,实现货物配送优化。

(3)采用自动化技术,提高配送作业的效率。

(4)建立通畅的配送信息系统。

(三)配送中心服务定位

配送中心能否提供更多、更增值的服务,一直是配送中心发展思考的重点。同时,配送服务与配送中心成本之间的关系,也一直是企业需要谨慎平衡的问题。

这两者之间的效益是背反的,即配送服务的高水平必然提升客户对企业的满意度,使企业的业务量增加,营业收入增加,经济效益提高,但同时带来了企业配送成本的增加。换句话说,高水平的服务是以较高的配送成本为代价的,而较高的配送成本又会使企业的效益下降,影响企业的利润。需要注意的是,配送服务水平与配送成本之间并非呈比例变动。当配送成本和服务水平都处在较低水平时,增加配送成本就可以使配送服务水平有一个较明显的提升,但是,当配送服务水平提升到一定程度时,再通过增加配送成本来提升配送服务水平的效果就不再明显,也就是说用来提升配送服务水平的配送成本的边际效益是递减的。

所以,企业提供什么样的增值服务,提供的服务水平如何,需要根据配送成本效益递减的原理,以及企业自身的目标市场定位和企业的市场战略,科学地、有针对性地确定。企业所追求的目标应是,要在尽可能低的总成本条件下实现既定的顾客服务水平,而不是追求最高的配送服务水平,因为它需要企业为之付出很高的配送成本,当然也不是用最低的快递配送成本,来换取顾客的最低满意度。

公司配送服务水平的高低直接取决于企业的战略定位,所有的企业都必须通过快速配送来达成其业务目标。从战略上看,快速配送的重要程度通常取决于是否积极利用快速配送的能力去获得竞争优势,所有的企业都必须努力为顾客创造价值,这种价值是获得并维系忠诚顾客的关键,创造顾客价值的方法就是为顾客提供满意的配送。

相关链接

在美国电影《火拼时速Ⅱ》中,唠叨鬼詹姆斯卡特有一个绰号叫7-11,意思是他能从早上7点钟起床开始一刻不停地唠叨到晚上11点钟睡觉。其实7-11这个名字来自遍布全球的便利名店7-11,名字的创意源于这家便利店的营业时间,它在建立初期是从早上7点营业到晚上11点,后来这家便利店改成了一星期七天全天候营业,原来的店名却沿用了下来。

这家发源于美国的商店是全球最大的便利连锁店,在全球20多个国家拥有约2.1万家的连锁店。

一家成功的便利店背后一定有一个高效的物流配送系统,7-11从一开始采用的就是在特定区域高密度集中开店的策略,在物流管理上也采用集中的物流配送方案,这一方案每年大概能为7-11节约相当于商品原价10%的费用。

一间普通的7-11连锁店一般只有100~200平方米大小,却要提供2~3000种食品,不同的食品有可能来自不同的供应商,运送和保存的要求也各有不同,每一种食品又不能短缺或过剩,还要根据顾客的不同需要随时调整货物的品种,种种要求给连锁店的物流配送提出了很高的要求。一家便利店的成功,很大程度上取决于配送系统的成功。

7-11的物流管理模式先后经历了三个阶段三种方式的变革。起初,7-11并没有自己的配送中心,它的货物配送依靠批发商来完成。以日本的7-11为例,早期日本7-11的供应商都有自己特定的批发商,而且每个批发商一般只代理一家生产商,这个批发商就是联系7-11和其供应商的纽带,也是7-11和供应商间传递货物、信息和资金的通道。供应商把自己的产品交给批发商以后,对产品的销售就不再过问,所有的配送和销售都由批发商来完成。对于7-11而言,批发商就相当于自己的配送中心,批发商所要做的就是把供应商生产的产品迅速有效地运送到7-11店内。为了自身的发展,批发商需要最大限度地扩大自己的经营,尽力向更多的便利店送货,并且要对整个配送和订货系统做出规划,以满足7-11的需要。

渐渐地,这种分散化的由各个批发商分别送货的方式无法再满足规模日渐扩大的7-11便利店的需要,7-11开始和批发商及合作生产商构建统一的集约化的配送和进货系统。在这种系统之下,7-11改变了以往由多家批发商分别向各个便利店送货的方式,改由一家在一定区域内的特定批发商统一管理该区域内的同类供应商,然后向7-11统一配货,这种方式称为集约化配送。集约化配送有效地降低了批发商的数量,减少了配送环节,为7-11节省了物流费用。

思考与练习

【实训练习】

任务发布:进行资料(教材、期刊、网络等)查询,选取一家同城企业(有物流配送中心)调研,根据实际条件,可选择实地参观企业物流配送中心,或者电话访谈企业配送中心相关人员,结束之后,以小组的方式完成一份调查报告,并准备一份PPT汇报。

要求:

1.根据配送中心的功能分析其对生产销售的作用;

2.根据参观或走访结果,掌握配送基本业务流程;

3.了解该配送中心成本控制的方式;

4.能根据资料查阅、参观走访、电话调查的结果形成调查结论。

【任务思考】

1.简述配送中心成本控制的内容。

2.仓储成本控制和配送成本控制常用的方法各是什么?

3.配送中心成本控制的策略有哪些?

4.配送中心成本控制的措施有哪些?

5.如何进行配送中心服务的定位分析?

项 目 小 结

本项目从两个方面介绍了连锁企业物流配送成本控制内容。连锁企业配送活动成本的高低关系配送活动组织的成功与否,也关系企业的经济效果的高低,做好配送成本核算对控制配送中心成本和提升配送中心服务水平意义重大。

项目8　现代连锁企业物流配送发展新趋势

> **项目目标**
>
> 1. 掌握家居配送。
> 2. 能够进行快递配送操作。
> 3. 熟悉绿色配送。

任务一　家居配送

任务引入

目前国内家居行业正处于转型升级的关键时期,新零售模式的出现,精装房政策的实施,全屋定制、家居电商迅速发展,对家居物流提出了更高的要求。

随着人们生活水平的提高,加上人口少型的小家庭越来越多,家居配送行业前景广阔。家居行业的主要配送模式是企业物流外包,第三方专业物流公司提供全程服务。其配送模式较为单一,大多由经销商指定物流公司并自行安排车辆提货和组织运输,物流资源分散且物流费用高。

任务分析

【主要内容】家居配送包括家居配送服务的概念、家居配送的难题、家居配送是定制时代的物流变革、"最后一公里"难题解决途径等。

一、家居配送服务的概念

现在的家居建材市场,不管是线上电商还是线下门店,竞争的压力都非常大,以前的"价格战"不再适用,随着人们的生活水平及购物观念的转变,越来越多人关注到服务领域。

家居配送安装服务也就是家居售后落地服务,通俗的说法就是"最后一公里"服务,一般包括提货、配送、搬运、安装、拆旧、量尺、维修等服务项目。

对于电商而言,因为销售范围一般是全国(很少电商只销售一片区域),这样他们的售后落地服务压力就很大,上哪找人去服务?这时候就涌现了一批整合全国师傅资源的互联网送装服务平台,而家居商家们也纷纷加入平台,通力合作,实现互利共赢。"鲁班到家"家居售后服务平台从做好细节服务开始:

(一)提货

提货时间必须及时,提货时必须检查商品完整性。

(二)配送

专业细心的配送服务,必须避免商品磕碰和粉碎。

(三)安装

具备专业水准的安装服务,确保安装到位。

(四)拆旧

确定是破坏性拆除,还是不破坏拆除。

(五)量尺

针对不同的场景、产品,其量尺的维度均不同,比如量窗帘和量衣柜的差别很大。

(六)维修

找准故障点,实现精准有效的维修。

二、家居配送的难题

(一)家居产品的配送难度大、成本高

与普通商品比较,家居产品大多超大超重,又容易受损受潮,对物流配送仓储和运输要求更高,难度更大。尤其是面向消费者的"最后一公里"环节,大件物品的上门配送存在一些制约,有的产品进不了电梯,上楼困难,对物流、安装人员的技术水平要求极高,而且成本也更高。

(二)家居行业中小家居企业占据绝大多数

小家居企业对第三方物流公司高度依赖,家居配送服务的层次较低。而物流公司同样是中小公司数量众多,缺乏必要的实力,在硬件建设和软件建设上跟不上家居行业的发展,几家中小物流公司以共同配送(联盟性质)整体服务于中小家居企业,缺乏有效的管理和高效调度。家居产品从南到北可能需要几家物流公司的合作。

(三)缺乏专业管理人才

不论是家居企业还是物流企业都缺乏专业的物流管理人才,行业物流运作水平偏低。

（四）信息化建设水平不高

除像日日顺、德邦等少数大型综合物流公司外，许许多多的专业家居物流公司的物流作业非常传统，甚至仓库管理主要依靠人工。物流运作效率低，信息不透明、不及时，给企业管理和销售带来影响。

（五）服务链不透明

家居物流模式上服务链并不透明，分段服务明显，物流和商流不分，终端配送仓大部分依靠的是经销商的小仓库。

随着近年来定制家居兴起，尤其是全屋定制的迅速发展，以及家居电商发展，家居行业产品定制化、营销全渠道和服务一体化成为大趋势，必然对物流服务有新的要求。

三、家居配送是定制时代的物流变革

（一）更加注重拆装设计

虽然定制产品以个性化、非标准化为主，但事实上定制产品的一大特点是更加注重拆装上的设计，定制产品的拆装性更好，在包装运输上多数是可以拆分的，因而在包装上也就趋于标准化和小件化，物流运输上也就更方便。

（二）专业性要求更高

定制化尤其是全屋定制对物流专业性要求更高。大型定制企业，在生产每件产品时都生成一个对应的产品二维码，其中包含配送信息、安装信息，利于智能信息化现代物流仓配中心的建设。

（三）定制特点更加明显

极少数家居品牌企业规模较大，大量的定制企业规模非常小，不同规模实力的定制企业在服务模式上有着明显差异，对物流的要求也有所不同。小定制企业大多数存在于中心城市周边，生产和服务能力十分有限，主要客户都在当地城市，物流基本上是城市区域物流，属于大物流的支线配送安装物流体系，其特点是快捷、成本低。而大型定制企业往往在全国有多个生产基地，可能一件产品的不同部件分属不同的产地，从各地分别配送至区域代理商，或者直接配送到消费者住址，对物流配送的信息透明度、时效性和安全性要求更高。

（四）信息化要求更高

从全渠道营销和售后服务方面而言，家居企业对物流的要求更需要信息化建设，以打造更高效、透明的物流配送服务链。面对来自实体门店、移动端、电商平台等的海量订单，企业需考虑如何将信息有效整合和及时处理，如何快速拣选和出货。

（五）智能化配送中心呼之欲出

家居电商方面，经销商单一，品牌销量少，单次提货量减少，而且要求缩短提货周期，缩短交货时间等，这些都需要更加专业的信息化智能配送中心来提升物流运作能力。企业需要专业家居物流公司服务，保证在搬运、配送、安装等方面做到最好。

四、"最后一公里"难题解决途径

现在消费者更注重的是购物本身的用户体验，好的用户体验不仅可以为品牌积累好口碑，还可能得到可持续发展的后续动力。如何解决家居售后配送的"最后一公里"难题,成为制胜的关键点。

(一)厂家的服务体系要完善

精准自身的品牌定位,服务是品牌推广的不二法门。建立一个完善的配送服务体系,需要组建一支专业技术过硬的安装服务团队,送货上门,安装重组,完成售后配送的"一条龙"服务。但建立这一服务体系需要厂家在原本的成本上再次增加资金投入,同时管理的难度也大幅增加,这也是厂家迟迟不愿有所行动的重点原因。但想要进一步赢得市场,赚取好口碑,在"最后一公里"难题上,厂家必须要有所行动,有所突破。

(二)经销商要给力

家居电商的迅猛发展在一定程度上冲击了传统的经销商,不少人认为,经销商转型服务商会是解决"最后一公里"难题的重要突破点。这要求传统经销商颠覆以往的经营模式,探索新型的业务发展模式。

(三)需求催生第三方服务商的兴起

市场需求总会催生新的解决方式,不少人嗅到商机,第三方服务商应运而生。标榜让家居服务更简单的一站式家居配送安装网纷纷现身。他们在所处区域市场内承接短途物流、配送上门、现场安装等业务,为家居电商解决"最后一公里"难题指明了一个方向,同时也让想要实施转型的传统经销商看到了一个可行的操作模式。

推陈出新,不断地适应市场需求才是企业保持稳步增长的关键制胜点。面对家居售后"最后一公里"的配送难题,所有家居人都应不回避这个问题,而是应该直视与解决,唯有解决这个横堵在发展道路上的绊脚石,才能促进这个行业更有序更快速地发展。

相关链接

未来新物流配送的发展趋势

1. 同城即时配送。

新零售时代,快递进入新常态,同城即时配送成为新增长点。电商的快递包裹过去是经济黑马,同城物流在快速崛起。

2. 共同配送。

共同配送也称共享第三方物流服务,指两个以上的企业进行横向联合、集约协调、求同存异以及效益共享,共同由一个第三方物流服务公司来提供配送服务。共同配送的本质是通过物流作业活动的规模化来降低作业成本,提高物流资源的利用效率。近年来,随着连锁商业的发展,配送中心的建设受到重视,特别是连锁企业自建配送中心的积极性很高。据不完全统计,目前全国共有各种类型的物流配送中心1000多家,其中以上海和广东数量最多。此外,日本、美国、英国等国家的许多企业在中国的北京、上海、南京等地也建有自己的物流配送中心。

3. 供应配送。

实体零售从店面转型到供应转型。实体零售企业的物流和供应链物流进一步打通,实体零售供应链与电商供应链进一步融合改造,实现线上线下"一盘棋"。原来企业把货物放到仓库和供应链上,今天的货物其实大量时间是"跑"在路上的。制造端的物流、库存逐渐转向批发商、零售商,最后转向消费者家里。今天的货物不再以静态的形式存放于仓库中,一个分拣中心的货物一两个小时必须出去,仓储库存周期越来越短。当下,货物在快递员的车上,在快递员的手里,在……。随着智慧物流的进一步发展,一个非常重要的趋势就是——货物在路上。

思考与练习

【实训练习】

家居售后服务行业正式发布了分析报告《2019年家居售后服务行业年度数据分析报告》(以下简称《报告》),报告数据在业内引起广泛关注与讨论。

《报告》由家居售后服务行业知名平台万师傅提供,据万师傅负责人介绍,平台已连续5年发布年度家居售后服务行业报告,以平台大数据及外部调研为支撑,观察每一年的家居行业变化趋势,整理成对行业具有参考价值、可指导方向的分析报告。

《报告》对行业整体发展概况进行介绍,包括家居售后服务需求变化、订单全国分布情况、售后服务周期等,进一步从家居卖家和家居师傅这两个重要的家居从业者角色切入,分析他们最关心的话题,挖掘行业发展亮点。

近几年家居行业体量巨大,消费者愈发重视服务品质和购物体验,家具配送安装等售后服务成为不可或缺的部分。大部分家居商家无力打造售后体系,通过第三方售后服务平台找优质合作方提供标准化服务,解决全国售后问题,家居售后行业得以快速发展。为此,家居售后的发展在一定程度上反映了整个家居行业的趋势和方向。

报告指出,近年来全国排名前十的订单来源地(商家所在地区)不变,而三四五线城市的家居售后订单增长率高于一二线城市。家居企业更集中于经济发达的大城市,但小城市也在以更快的速度发展。

问题:举例说明家居配送在家居售后服务中的作用是什么?

【任务思考】

1.什么是家居配送服务?
2.家居配送的难题是什么?
3.为什么说家居配送是定制时代的物流变革?
4."最后一公里"难题解决途径有哪些?

任务二 即时配送

任务引入

即时配送包括流量、运力和调度三个要素。

近年来,"懒人经济"和"生活快节奏"促进即时配送物流市场的发展,中国即时配送市场的用户规模不断扩大,越来越多的人开始享受各大平台提供的便捷到家服务。即时配送具有即时性和离散性的特点,因此流量、运力和调度系统将成为整个配送环节的关键。

【主要内容】即时配送包括传统物流与即时配送的区别、即时配送行业的发展趋势等。

一、传统物流与即时配送的区别

即时配送是指依托社会化库存,配送平台接到用户通过 PC 或者移动互联网渠道即时提出配送到达时间、数量等方面的配送要求,在短时间内响应并进行配送的方式。即时配送可满足45 分钟内送达要求的配送方式,是应 O2O 而生的物流形态。

传统物流可以一天甚至三四天后送到,不一定要人对人的交易,可以将包裹扔来扔去,放在篮子里、包里,可以让物主自己到指定地点领取,也形成了从"仓储-配送站-快递-用户"的链条,结构规则,可以规划;而即时配送面对的则是呈社会化分布的仓储,需求更多样化、本地化,是离散的、突发的、社会化库存的。

二、即时配送行业的发展趋势

(一)配送效率的提升

由于即时配送的需求不确定、受地域因素影响较大等特点,当前服务范围主要集中在一二线城市,需求相对密集,有利于扩张规模。随着即时配送服务进一步扩大服务范围,效率将成为关键问题,即时配送将迎来三公里生活圈的分钟级配送革命。

(二)渠道下沉空间拓展

随着物流行业的迅猛发展以及人们对互联网接受程度的加深,三四线及以下城市的即时配送市场将迎来较大的增长空间,同时表明即时配送市场渠道的下沉空间巨大。

(三)消费场景全覆盖

随着各类电商平台、快递企业、第三方平台纷纷入局即时配送,服务边界不断扩展,各大平台通过更加精细、智能和高效的运作方式提升用户体验。同时,从外卖到商超日用、生鲜蔬果、个人物品取送,再到代买代办的跑腿业务,即时配送平台不断拓宽服务场景来满足用户更多元化的需求,将实现消费场景的全覆盖。

(四)与新零售同发展

即时配送是新零售不可缺少的物流环节,新零售也将为即时配送带来新的消费动力。新零售庞大的线上流量和逐渐完备的基础设施布局将为即时配送发展提供稳定动力。

(五)服务精细化

新零售助长即时配送行业发展,服务精细化成为重要趋势。零售业变革及发展反推即时配送向服务精细化发展,即时配送平台已经从简单的外卖领域逐步拓展到生鲜、医药、商超等配送领域。

(六)产业智能化

人工智能和大数据的应用促进即时配送的资源配置不断优化,提高配送效率并降低成本,同时,不断更新的优化算法和智能系统将精确定位用户属性,为用户提供定制化服务。

为了提高即时配送的效率,抢占最后一公里,聚合配送应运而生。优闪速达作为一站式同城聚合配送服务平台,依托大数据和AI智能技术,采取聚合模式,整合数十家配送公司,调动全城运力。

相关链接

蜂鸟软件是一家致力于开发及推广储运物流管理软件的专业公司。用户点餐订单可直接推到蜂鸟系统;订单信息通过蜂鸟系统直接推送给指定的本地第三方配送团队;团队接单后,由后台调度系统派单并规划最佳路线,团队送餐员前往商户取餐;最后完成整个配送链条商品的物理转移,从而完成线上到线下的O2O闭环。核心的蜂鸟系统,包括一个中央管理台和分散在各位配送员手机上的App。该系统具备人员管理、订单管理、账单管理等功能。管理者在蜂鸟系统上可以汇总配送员的业绩,建立专属于调度员的自动化调度方案,还可以在5分钟内结完一天的账。

思考与练习

【实训练习】

即时配送的魔力

在新冠肺炎疫情的催化下,即时配送又迸发了新一轮的增长空间,目前即时配送的赛道已经逐渐形成了美团、饿了么、达达三足鼎立的局面。即使市场非常拥挤,还不断有新企业入场。

即时配送和本地生活相辅相成。随着互联网的发展,以及"懒人经济"的兴起,加之商家平台和第三方提供跑腿服务,即时配送应运而生。据艾瑞报告发布的《2019年中国即时物流行业研究报告》,2018年即时物流行业订单量达到134.4亿单,行业规模达到981亿元,2019年订单量达到185亿单,行业规模突破1312亿元,2020年行业规模达到1700亿元。

即时配送可以分为三个阵营:

首先是以美团、饿了么为首的外卖平台,虽然他们的即时配送业务大多来自于外卖,但是随着用户需求增多,也开始转向更多的服务配送。

其次是专注C2C模式的即时配送企业,如闪送、UU跑腿、达达等。他们服务的人群对价格敏感度较低。

最后是以顺丰为代表的快递公司,以跑腿服务为主。

就目前即时配送发展而言,绝大多数的业务来源还处于一二线城市,而三四线等低线城市的即时配送行业还存在明显的上升空间。数据显示,在2018年我国即时配送订单量一、二线城市的市场占有率分别为46%和37.8%。随着一、二线城市的需求饱和,下沉市场逐渐成为新消费、新市场的代名词,而小城镇青年的消费能力也不得不让越来越多的企业重视起来。数据显示,截至2019年3月,下沉市场移动互联网用户规模超过6亿。在激烈的竞争下,即时配送已经进入差异化、精品化竞争阶段,品牌和用户经过长期的市场教育,对配送时长、履约时效、配送的安全要求也越来越高。

问题：即时配送市场究竟有着怎样的魔力？

【任务思考】

1. 即时配送的概念？
2. 传统物流与即时配送的区别是什么？
3. 即时配送行业六大发展趋势是什么？

任务三　绿色配送

任务引入

绿色配送是指通过选择合理运输路线，有效利用车辆，科学配装，提高运输效率，降低物流成本和资源消耗，并降低尾气排放。

绿色配送运输是在配送运输过程中抑制配送对环境造成危害，同时实现对配送环境的净化，使配送资源得到充分利用。它包括配送作业环节和配送管理全过程的绿色化。从配送运输管理过程来看，主要是从环境保护和节约资源的目标出发，实现配送运输全过程的绿色化。

任务分析

【主要内容】绿色配送包括绿色配送的内容、政府的绿色物流配送管理措施、连锁企业绿色配送管理措施等。

一、绿色配送的内容

绿色配送作为当今经济可持续发展的重要组成部分，对经济的发展和人民生活质量的改善具有重要的意义，无论政府有关部门还是企业界，都应强化绿色物流配送管理，共同构筑绿色物流配送发展的框架。绿色配送包括两个方面：

（一）对物流配送污染进行控制

即在物流配送系统和物流活动的规划和决策中尽量采用对环境污染小的方案，如采用排污量小的货车车型、近距离配送、夜间运货等。发达国家提倡从污染发生源、交通量、交通流等三个方面制定相关政策，以响应绿色物流理念配送。

（二）建立工业和废料处理的物流配送系统

低碳环保已成为全球关注的焦点话题，物流行业尤甚。物流行业不仅要实现促进经济发展的目的，同时也需适应经济发展的低碳要求，承担起为消费者提供低碳生活服务的职责，承担起企业应有的社会责任。从目前的形势看，物流并非脏乱差的代名词，我们不仅要对物流系统污染进行控制,同时要建立工业和生活废料处理的物流系统。

二、政府的绿色物流配送管理措施

(一)对发生源的管理

对发生源的管理主要是对物流过程中产生环境问题的来源进行管理。物流活动的日益增加以及配送服务的发展,引起在途运输的车辆增加,必然导致大气污染加重。可以采取以下措施对发生源进行控制:

(1)制定相应的环境法规,对废气排放量及车型进行限制;
(2)采取措施促进使用符合限制条件的车辆;
(3)普及使用低公害车辆;
(4)对车辆产生的噪声进行限制。

我国自20世纪90年代末开始不断强化对污染源的控制,如北京市为治理大气污染发布两阶段治理目标,不仅对新生产的车辆制定了严格的排污标准,而且对在用车辆进行治理改造,采取限制行驶路线、增加车辆检测频次、按排污量收取排污费等措施。经过治理的车辆,污染物排放量大为降低。

(二)对交通量的管理

(1)发挥政府的指导作用,推动企业从自用车运输向营业用货车运输转化;
(2)促进企业选择合理的运输方式,发展共同配送;
(3)政府统筹物流中心的建设;
(4)建设现代化的物流管理信息网络等,从而最终实现物流效益化,特别是提高了中小企业的物流效率。

通过这些措施来减少货流,有效地消除了交错运输,缓解了交通拥挤状况,提高了货物运输效率。

(三)对交通流的管理

(1)政府投入相应的资金,建立都市中心部环状道路,制定有关道路停车管理规定;
(2)采取措施实现交通管制系统的现代化;
(3)开展道路与铁路的立体交叉发展,以减少交通堵塞,提高配送的效率,达到环保的目的。

推进绿色物流除了加强政府管理外,还应重视民间绿色物流的倡导,加强企业的绿色经营意识,发挥企业在环境保护方面的作用,从而形成一种自律型的物流管理体系。

三、连锁企业绿色配送管理措施

(一)绿色运输管理

1. 开展共同配送。

共同配送指由多个企业联合组织实施的配送活动。几个中小型配送中心联合起来,分工合作对某一地区客户进行配送,它主要针对某一地区的客户所需要物品数量较少而使用车辆不满载、配送车辆利用率不高等情况。共同配送可以分为以货主为主体的共同配送和以物流企业为主体的共同配送两种类型。从货主的角度来说,共同配送可以提高物流效率,如中小批发者,如果各自配送则难以满足零售商多批次、小批量的配送要求；而采取共同配送，送货者可以实现少量配送，收货方可以进行统一验货，从而达到提高物流服务水平的目的。从物流企业的角度来说，特别是一些中小物流企业，由于受资金、人才、管理等方面制约，运量少、效率低、使用车辆多、独自承揽业务，因此在物流合理化及效率上受限制。如果彼此合作，采用共同配送，则筹集资金、通过信息网络提高车辆使用率等问题均可得到较好的解决。因此，共同配送可以最大限度地提高人员、物资、时间等资源的利用效率，取得最大化的经济效益，同时可以去除多余的交错运输，并取得缓解交通、保护环境等社会效益。

2. 采取复合一贯制运输方式。

复合一贯制运输是指吸取铁路、汽车、船舶、飞机等基本运输方式的长处，把它们有机地结合起来，实行多环节、多区段、多运输工具相互衔接进行商品运输的一种方式。这种运输方式以集装箱作为连接各种工具的通用媒介，起到促进复合直达运输的作用。为此，要求装载工具及包装尺寸都要做到标准化。物流全程采用集装箱等包装形式，可以减少包装支出，降低运输过程中的货损、货差。复合一贯制运输方式的优势还表现在：一方面，它克服了单个运输方式固有的缺陷，从而在整体上保证了运输过程的最优化和效率化；另一方面，从物流渠道看，它有效地解决了由于地理、气候、基础设施建设等各种市场环境差异造成的商品在产销空间、时间上的分离，促进了产销之间紧密结合以及企业生产经营的有效运转。

3. 大力发展第三方物流。

第三方物流是由供方与需方以外的物流企业提供物流服务的业务方式。发展第三方物流，由这些专门从事物流业务的企业为供方或需方提供物流服务，可以从更高的角度更广泛地考虑物流合理化问题，简化配送环节，有利于在更广泛的范围内对物流资源进行合理利用和配置，可以避免自有物流带来的资金占用、运输效率低、配送环节烦琐、企业负担加重、城市污染加剧等问题。当一些大城市的车辆配送大为饱和时，专业物流企业的出现使得大城市的运输车量减少，从而缓解了物流对城市环境污染的压力。除此之外，企业对各种运输工具还应采用环境污染少的动力原料，如使用液化气、太阳能作为城市运输工具的动力；同时积极响应政府的号召，加快运输工具的更新换代。

（二）绿色包装管理

绿色包装是指采用节约资源、保护环境的包装。绿色包装的途径是促进生产部门尽量采用简化包装或由可降解材料制成的包装。在流通过程中，实现包装的合理化与现代化的措施包括：

1. 包装模数化。

确定包装基础尺寸的标准，即包装模数化。包装模数标准确定以后，各种进入流通领域的产品便需要按模数规定的尺寸来包装。模数化包装利于小包装的集合，方便利用集装箱及托盘装箱、装盘。包装模数如能和仓库设施、运输设施尺寸模数统一化，也利于运输和保管，从而实现物流系统的合理化。

2. 包装的大型化和集装化。

如采用集装箱、集装袋、托盘等集装方式，有利于物流系统在装卸、搬迁、保管、运输等过程的机械化，能加快这些环节的作业速度，减少单位包装，节约包装材料和包装费用，有利于保护商品等。

3. 包装多次、反复使用和废弃包装的处理。
(1) 采用通用包装,不用专门安排回返使用;
(2) 采用周转包装,可多次反复使用,如饮料瓶、啤酒瓶等;
(3) 梯级利用,一次使用后的包装物,用毕转化作它用或经简单处理后转作它用;
(4) 对废弃包装物经再生处理,转化为其他用途或作为生产其他产品的原料。
4. 开发新的包装材料和包装器具。
发展趋势是,包装物的高功能化,用较少的材料实现多种包装功能。

(三)绿色流通加工

流通加工指物品在从生产地到使用地的过程中,根据需要施加包装、分割、计量、分拣、组装、价格贴付、标签贴付、商品检验等简单作业的总称。流通加工具有较强的生产性,也是流通部门对环境保护可以大有作为的领域。绿色流通加工主要包括两个方面措施:一是变消费者加工为专业集中加工,以规模作业方式提高资源利用效率,减少环境污染。如饮食服务业对食品进行集中加工,以减少家庭分散烹调所带来的能源和空气污染。二是集中处理消费品加工中产生的边角废料,以减少消费者分散加工所造成的废弃物的污染,如流通部门对蔬菜集中加工,可减少居民分散加工导致的垃圾丢放及相应的环境治理问题。

(四)废弃物物流的管理

从环境的角度看,今后大量生产、大量消费的结果必然导致大量废弃物的产生。尽管国家已经采取了许多措施加速废弃物的处理并控制废弃物物流,但从总体上看,大量废弃物的出现仍然对社会产生了严重的消极影响,导致废弃物处理的困难,而且可能引发社会资源的枯竭以及自然资源的恶化。因此,21世纪的物流活动必须有利于有效利用资源和维护地球环境。

废弃物物流指将经济活动中失去原有的使用价值的物品,根据实际需要进行收集、分类、加工、包装、搬运、储存,并分送到专门处理场所时形成的物品实体流动。废弃物物流的作用是,无视对象物的价值或对象物没有再利用价值,仅从环境保护出发,将其焚化化学处理或运到特定地点堆放、掩埋。降低废弃物物流,需要实现资源的再使用(回收处理后再使用)、再利用(处理后转化为新的原材料使用),为此应建立一个包括生产、流通、消费的废弃物回收利用系统。要达到上述目标,企业就不能只考虑自身的物流效率化,而是需要从整个产供销供应链的视野来组织物流,而且随着这种供应链管理的进一步发展还必须考虑废弃物的循环物流。

管理型物流追求与交易对手共同实现效益化;供应链型物流追求从生产到消费流通全体的效益化;循环型物流应追求从生产到废弃物全过程的效率化,这是21世纪绿色物流管理亟待解决的重大课题。

相关链接

连锁经营企业为实现绿色配送运输,使降低成本成为企业的"第三利润源",通过利用配送运输中的节能减排,调整和优化配送运输网络,使用权威的车辆调度指挥系统,结合合理的配送运输路线优化方法,及时处理在配送运输过程中因高耗能造成的资源浪费问题。实现配送系统的整体最优化和降低对环境的损害,将有利于企业提高配送管理水平,保护环境和促进可持续发展。

项目8
现代连锁企业物流配送发展新趋势

思考与练习

【实训练习】

零售网络被互联网再造,我们看到的不再是一级又一级的分销商,而更多的是点到点的信息连接,以及线下实体商品的流动。回归到线上线下结合的新零售模式,物流则显得尤为重要。对于同城物流来说,中国的干线物流、支线物流都很发达了,各种整担、零担、专线、支线层出不穷。这就需要企业拥有相对完善的新零售配送体系以及同城配送体系。

壹配送运营中心(简称壹配送)同城供应链配送作为同城配送的领航者,致力于发展"同配+互联网"模式下的同城供应链配送,针对历来行业痛点,壹配送完善了线上平台的线下配送体系。

1. 完整的新零售配送体系。

针对线上、线下融合的新零售配套的新物流体系,线上订单发出配送需求,线下配送员即刻响应,30分钟～3小时送达。壹配送采用独创的大数据算法,根据物品种类、大小,智能匹配交通工具,智能识别、合并起终点相近的订单,变零散配送为高时效的集中配送,有效降低了配送成本,提升了配送效率。

2. 高效配送体系。

壹配送是针对同城货运、供应链研发的配送体系,利用先进的聚类算法取代人工调度。壹配送同城体系可快速计算出上百个订单的配送路线,同步规划导航路径,实时监控配送流程,有效缩减调度环节,减轻繁重的人工调度工作。壹配送不仅拥有完善的配送体系,而且针对本地化生活服务市场,通过移动大数据收集整合技术,搭建了立足于本地的生活服务类社交优惠平台——壹配送惠生活。该社交平台为用户提供精准、有趣、优惠的本地生活消费服务;满足商家日常营销、拓客等需求;构建中小城市消费、营销新生态,致力于打造中小城市特色"营销+生活消费的本地化服务平台"。

问题:结合上述材料,请说明壹配送的"同配+互联网"模式。

【任务思考】

1. 绿色配送的内容有哪些?
2. 政府的绿色物流配送管理措施是什么?
3. 连锁企业绿色配送管理措施有哪些?

项 目 小 结

本项目从三个方面介绍了现代连锁企业物流配送发展的新趋势。连锁企业物流配送中心要解决"最后一公里"家居配送、无人配送、构筑绿色物流配送发展框架等问题。

参考文献

[1] 刘北林.流通加工技术[M].北京:中国物资出版社,2004.

[2] 韦妙花.仓储与配送实务[M].北京:电子工业出版社,2020.

[3] 郑克俊.仓储与配送管理[M].4版.北京:科学出版社,2018.

[4] 王淑荣,李俊梅.仓储与配送实务[M].北京:科学出版社,2018.

[5] 汝宜红,宋伯慧.配送管理[M].3版.北京:机械工业出版社,2016.

[6] 仪玉莉.运输管理[M].2版.北京:高等教育出版社,2014.

[7] 关善勇.运输管理实务[M].北京:北京师范大学出版社,2011.

[8] 杨明,曲建科.物流管理理论与实务[M].北京:中国人民大学出版社,2011.

[9] 陈海燕,常连玉.物流包装发展探析[J].交通企业管理,2009,245(01).